サラリーマンは、二度会社を辞める。

楠木新

日経プレミアシリーズ

プロローグ　人事部には見えないものがある

会社員になったばかりだが……

入社2年目、25歳。大手小売業の地方店舗に勤務する彼は、紳士小物の売り場を担当している。仕事以外に何かをやろうという余裕がない。

平日は夜9時まで店内の片づけをし、外食をして借り上げのアパートに帰ると、11時のニュース番組が始まっている。ぼんやり眺めるうちに眠気が襲ってくるが、何とか風呂だけには入り、あとはベッドに倒れ込む。そんな毎日を送っている。

大学でのキャリア教育や就活の時には、大人たちから「好きな仕事を目指せ」「自分に合った仕事を選べ」と言われた。だが入社してみると、現実の仕事とのギャップの大きさに驚いた。

新入社員研修を終えてから、ずっと現在の店で働いているものの、まだ指示されたことをこなすのに精一杯で、顧客対応では、同じ売り場で働くベテランの女性社員やパートのスタッフに歯が立たない。その引け目もあってか気苦労が絶えることはない。

都内で働く彼女と会えるのは月に1回だけ。上司や先輩と飲む機会は多く、人との付き合いが濃密になったためか、学生時代に感じていた何とも言えない寂しさだけはなくなった。

ただ、店内を見回すと、上司や先輩もそれほど楽しそうには見えない。

来年実施される地元市役所の公務員試験の願書を取り寄せた。今のところ、本気で受けるつもりではないが、時間に追われずに慣れた土地で仕事をしたいという気持ちはある。

手は動かさないが弁は立つ、そんな社員が理解できない

機械メーカーに女性総合職として勤務する彼女の職場は本店営業部。入社6年目、28歳になった。

職場の人々を観察すると、いろいろなことを考える。特に、定年間近の人は理解できない。評論家のように弁が立つばかりで肝心の手は動かさない。役職定年になっていても、彼女たちより給料は多くもらっている。昼食には、決まって15分早くオフィスを出て、戻りは1時を過ぎることもある。毎日同じメンバーとプロ野球の話をして何が面白いのか。

取引先を訪問するといろいろな人に出会えて、勉強になることが多い。異なる業界の会社を回ると社会の仕組みがわかることもある。

ただし新しく着任した上司は、営業の仕事が初めてで、指示がころころ変わる。部下が困惑しているのもよくわからないようだ。

転職会社に登録もしてみた。別の会社に勤める先輩や友人に話を聞いてみると、どこの会社もあまり変わらないような気もする。女性だからなのか、同期の男性総合職に比べると、上司からのプレッシャーは強くない。

先日、リクルーターの立場で女子学生と話すと、大学生の時には同じようなことを考えていたなあと記憶が蘇ってきた。そういう意味では少しは成長しているかもしれない。

結婚を機に退職した学生時代の友人が数人いる。入社して3年目に身体を壊して退職した友人は、料理学校の助手をやっている。将来は料理の先生を目指すという彼女の話を聞いてなぜかうらやましくなった。

自分のこれからの人生の道筋や結婚のことを考えると、このままずっと今の会社にいることはないと思っている。

出世できるかどうかの分かれ目にいる34歳

不動産会社に入社して12年。リニューアル部課長代理を務める彼は34歳である。ある程度仕事にも自信がついてきた。やっと一人前になれたような実感がある。戸建て部門、用地開発部門を経て、2年前に現在の部門に異動した。

入社時は、学生時代に学んだ建築の専門知識を使いたいと思っていたが、最近は、お客さんの要望に対面できる今の仕事が気に入っている。長く働いて初めてわかることもあるものだと気づいた。そういう意味では、これからも新たな自分を見つけていきたいと思っている。

2人の子どもは小さいので、まだまだ働かなければならない。できれば、若いうちに都心に近いマンションを手当てするつもりだが、会社から家賃の補助が出るので不動産会社勤めとはいえ、賃貸で長く住み続けるのもいいかと思っている。

当面は、2年後に実施される管理職の登用試験に合格することが目標だ。登用試験の判定の前には2泊3日の特別な研修で、マネジメント能力などもチェックされるらしい。その結果と上司の評価を勘案して最終的に人事部が昇進の可否を決める。この歳になると上との関係が会社員にとっては重要だということもわかっている。

管理職になれるかどうかで、その後の年収や処遇に大きな差が生じるから、特にこれから数年は頑張るつもりだ。

昔に比べると管理職に登用される社員の割合は相当低くなっているのが不安である。

部長職は間近だが、実は現場に戻りたい

メガバンクで副部長を務める彼は、最近なぜか身体が重い。入社25年目、47歳。一昨年亡くなった父親の自宅や遺産の整理を終えた頃から不調は続いている。昨年支店長から本部に戻ってきた。部長職に手が届くポジションにいる。

わがままを言えばキリがないが、会社の自分に対する評価にはまずまず満足している。ただ部門間の調整ごとで神経をすり減らす毎日には戸惑っている。上層部の意向を丁寧に酌まなければならない。

加えて合併の影響もあって出身銀行のバランスを見ながらものごとを進めていく必要がある。今まで現場の支店を中心に歩んできたのでこの手の仕事は苦手だ。

本音は地方の支店長でずっと過ごしたいが、行内ではキャリアアップの道筋しかないのでこのまま進まざるを得ない。

上の息子が、ここ1カ月高校に通わなくなっている。転勤に伴う転校も多かったので、自分にも責任があるような気分にもなってくる。最近は親子で気力が失せている。

このままでいいのかと漠然と不安を感じているが、仕事中心の生活は変えられない。転職をしても現在の年収は確保できないので、住宅ローンの残高を考慮すると思考が止まる。

年下の課長に気を使われる自分は、会社に必要とされない人間なのか

薬品会社に33年勤める彼は58歳。定年を2年後に控えている。

3年前に役職定年で肩書きも権限もなくなった時はショックだったが、長時間の会議と部下の管理からは解放された。これはこれで慣れればいい。2人の子どもも独立して現在は妻と2人暮らし。

会社の年金もあるので、定年後も贅沢さえしなければ生活には困らない。しかし会社を辞めて何をすればいいのかイメージできない。

65歳までは勤めたいが、会社は60歳以降の雇用には積極的でなく、魅力ある職務は与えないという方針らしい。ハーモニカを習ったり、夫婦で温泉旅行に繰り出したりもしたが、好きなことには出会えていない。

何かをして楽しさを味わうには、あるレベルに達するまでの一定の時間が必要だということに気づいた。もっと早くからいろいろなことに手を出して試行錯誤すればよかったと思う。退職した先輩も活き活きやっている人はいないようだ。5年上の先輩たちは、2カ月ごとに同期会を開いて皆で飲んでいるという。

仕事には意欲がわかない。年下の課長に気を使われると、かえって自分は必要とされていないと思い知らされる。知らず知らずのうちに日常の仕事もぞんざいになっている。

高校の同窓会での一言スピーチでは、4分の1くらいの同級生が、親の介護の話をしていた。デイサービスを運営している友人もいた。有名なタワーの設計責任者を務めた同級生や心臓外科の医師など現役で活躍している同級生もいる。

自分も何とか新たなものを見つけたい――。

人事部には見えていないものがある

最近、米国で開催された人材マネジメントに関するカンファレンスに出席した知人の話を聞くと、自社で働く社員が年齢を重ね、世代を移行することを軸に人事管理を行うという議論があったそうだ。入社から退職までに4つの世代を移行していくとの前提だったという。

その4つの世代を私なりに解釈すれば、入社して会社に定着する段階、一緒に働く仲間や顧客に貢献できるようになる成長期、中年になって戸惑う期間、引退や老後も視野に入れて働く時期になろうか。

カンファレンスの議論によると、企業が永続するには、先行する世代が若い世代にどのようにノウハウや技能を伝承していくかを重視すべきであるという。同感である。

ただし多くの会社は、あくまで組織を永続させる、業績を拡大させるという観点からしか社員を見ていない。会社は、機能としての社員のキャリアは把握しているのだが、「社員の人生」にまでは責任を負えない。つまり、プロローグ冒頭に登場した5人の根源的な悩みを、会社は解決できないのである。

だから、会社員としての個々人の課題は、自分自身で考えなければいけない。

私たちは、長い会社員人生の中で、現在どこに立っているかによって、組織と仕事に対して求められるものが大きく違う。世代によって、個人が抱える不安の内容も自ずと異なってくる。

会社というのは契約モデルで成り立っているように見えるが、実際はもっと不合理なものに支配されている。私は人事部で仕事をしていた時に、会社と社員との関係は雇用契約だけではとても律しきれないものだということを何度も味わった。

利益や成長という合理的な目標を求めて動く、不合理な組織に対して、個人としてどう関わればいいのかは、とても難しい問題だ。

私は、日経プレミアシリーズの前作で『人事部は見ている。』という本を書いた。その本では、会社側の視点から人事部はどのように考えて社員に接し、仕事をしているかについて説明した。

しかし個人である社員はどのように組織との関係を築けばいいのかについては、紙幅の制約もあって十分に論ずることができなかった。

ありがたいことに今回は会社の視点、人事部の視点からだけでは論じられないテーマを執筆する機会をいただいた。個人（社員）と他者、個人と組織との関係である。

誰もが「会社を辞める」機会に遭遇する

高度成長期のように会社が社員を丸抱えする時代はもう戻ってこない。それどころか、入社した社員の半数は管理職になれない時代が到来した。

また、豊かになった社会を反映して、昇給や役職というニンジンを目の前にぶら下げれば、自動的に社員のやる気が「起動」するということも期待できない。にもかかわらず、ニンジン以外のマネジメントの方策を持たない企業が大半である。

若い時期に組織での仕事に懸命に取り組むことは大切だが、その姿勢のまま会社員人生を走りきることはできない。プロローグ冒頭の5人のビジネスパーソンも世代に応じてそれぞれに悩みを抱えているように、直線的な上昇イメージの連続でとらえると、ほとんどの会社員は、いずれどこかのタイミングでつまずかざるを得ない。

また疑問を抱いて立ち止まった時には、我々は、会社に残るか辞めるかの二者択一で考えがちであるが、それでは袋小路に入り込み、結果として現状追認の姿勢に陥ってしまう。「会社を辞める」ということを、単に退職願、退職届を提出することだけではなく、もう少し幅広くとらえる必要がありそうだ。会社人間を辞める、自分の興味のあることに人生の重点を移す、働き方を変える、家族と過ごす時間を優先する、二足のわらじを履いてみる……などである。

私が取材した人の中には、会社との雇用契約を業務委託契約に変えて、自分のやりたいことに踏み出した人事部の課長もいる。たとえ会社に在籍していても、どこかで「会社を辞める」ことが求められている。幅広い意味で「会社を辞め」れば、新たな自分を発見できる可能性が広がり、会社との関係や家族とのきずなも変化する。

先に、人材マネジメントの観点から社員を世代別に見る考え方を紹介したが、社員の側も自らの会社人生をライフサイクルの視点からとらえる必要がある。

いずれにしても、社内のキャリアアップの到達点を唯一の目標とする考え方から、自由にならなければならないのだ。

過去の自分、未来の自分と話してみる

落語家の笑福亭たまさんの噺で「マイセルブス」という新作落語がある。20歳の誕生日を迎えたニート（少し古い表現だが）が、自分の将来に不安を抱いていると、六本木ヒルズに住むＩＴ企業の社長になった30歳の自分が目の前に現れる。「大丈夫だ。俺も20歳の時に、30歳の自分から10年後のことを教えてもらった」と語り出す。その後は、ホームレスになった40歳の自分、灘中を目指す10歳の僕や0歳時のボクも登場する。ロックミュージシャンになった50歳の自分、イタリアのマフィアのボスになった60歳の自分、麻薬中毒患者になった70歳の自分、要介護状態になった80歳の自分が次々に現れ、一堂に会してにぎやかに語り合う。

個人は簡単に自分を変えられない。変えられるのは、自分自身ではなくて、自分と他者（過去の自分、未来の自分も含む）との関係、自分と組織との関係である。自分が働く会社という組織のあり方に目を凝らし、自らのライフサイクルを見つめ直すために大切なのは、複数の自分と出会うことではないだろうか。

本書の第1章、第2章では、会社員人生の前半戦の課題を取り上げ、第3章から第5章までは、後半戦の課題について論じてみた。

会社員生活のライフサイクルを取り上げた各章は、もちろん自分自身の世代の問題を中心に考えていただければと思う。ただし、自分の年代だけが問題なのではなく、それぞれの章が相互に深く関係しているという前提で読んでほしい。それは、過去の自分、未来の自分と向き合い、現在の自分を見つめ直す作業でもあるからだ。

さらに、4つの世代が同時に働く組織の中で、他者がどんな課題を抱えているのかを知ることは、彼らと接する自分自身の振るまいを問うことでもある。

目　次

ワークライフ・バランスってそんなにいいの?
会社人間になってみよう

第3章 こうして会社人生への疑問は生まれる……99

第4章　会社はサラリーマンの家なのか

第5章 会社員のまま2つの自分を持つ方法

第 1 章

仕事で自己実現を
目指してはいけない

社会人への切り替えは、通過儀礼の第一歩

２０１１年の9月に、「内定が決まりました」というメールがパソコンに入った。09年から私が大学で受け持っている授業「学部学生のための会社学」を受講していたK君からだった。

「内定おめでとう。よかった。よかった」とすぐに返信した。その半年前に就活の相談にのったことがあったので、どうなったのか気になっていたからだ。

彼は、3年生の1月から、全部で１３０社にエントリーシートを送り、50社を上回る会社の面接を受けたという。最終的には中堅メーカーから内定を得た。

1年以上続いた就活では、「辛く悔しいことも多かった」という。最終面接で立て続けに落とされた時には、好きでもないスナック菓子を毎日1袋食べないと気持ちが治まらなかった。数年前に就活で不合格が続いた時に、娘が「まっすぐ家に帰る気持ちにならなかった」と毎夜遅く玄関のチャイムを鳴らしていたことを思い出した。

就活の経緯を語るK君の顔を見ていると、半年前に比べて、「ずいぶん成長したなあ」と

感じて嬉しくなった。周囲からも一皮むけたと言われるそうだ。「来る日も来る日も見知らぬ人事担当者と出会い、何回も何回も自分のことを話していたからでしょう」と話す彼のひきしまった顔つきを見ていると、大人になる登龍門をくぐりつつあるなという感じがしたものだ。

今まで雑誌の連載や本の執筆で数多くの大学生や就活生、社会に巣立った若い人たちを取材してきた。自分の娘の就職活動をリアルタイムでルポして「父と娘の就活日誌」を雑誌に連載したこともあった。

それらを通して学生から社会人になるプロセスに課題があることがわかってきた。

現在の若者は豊かさと便利さの中で育っている。そのため人間関係のわずらわしさを解消できる半面、他人との関係を断ち切りすぎて結果として大人になるタイミングが遅くなっている。20歳で行われる成人式が、各地の会場で荒れたりしているのは、大人になる機会と成人式がリンクしていないからだ。

大学を卒業して会社に勤めていても、まだ成人式を終えていないと思われる社員がいたとしても不思議ではない。

また小学校から大学までは、両親、親族、学校の教師、塾や予備校の講師など次のステップに行くために応援やフォローする人が必ずいた。ところが大学には、社会に出るための教育を授ける指導者があまりにも少ない。大学の教師は、講義やゼミの内容と働くことは別物だと考えている。採用する企業側も大学生活には関心を持っていない。

現代では、就職活動を経て組織で働くことは若者にとって人生の節目である。学生から社会人への切り替えは、大人になるための通過儀礼*（イニシエーション）の入り口であると言っていいだろう。

K君の姿を見ていると、彼の大人になる道程が遅まきながら始まるのだと感じられる。会社生活も4年目になった娘を見ていても同じ感慨を抱くのだ。

注「通過儀礼（Initiation, rite of passage）」とは、誕生、成人、結婚、死などの人間が成長していく過程で、次なる段階の期間に新しい意味を付与する儀礼。

新入社員の配属先は「ばらまき」で決めている

各社の人事部は、採用した新入社員が、初めての職場へスムーズに定着できるように新人研修を実施する。

配属先が決まったあとにも、業務を早期に覚えさせるためにアドバイザーをつけたり、仕事や私生活の悩みにも対応できるように、先輩社員をメンター（指導者・助言者）に任命する会社もある。すでに研修すら実施されなくなった中高年社員のことを考えると、その何十倍もの労力をかけているわけだ。

一定期間の新人研修を終えたあとに実施される配属発表は、まさに悲喜交々《こもごも》だ。新入社員も社内で脚光を浴びる部門とそうでない部門があるのはなんとなく感じている。会社の先輩から「〇〇部門はエリートコースだ」といった社内事情を聞いている社員もいる。

そのため同期の赴任先も気になり、「目立つ部署に配置された彼は評価されているのに、俺はどのように人事部から見られているのだ」と口には出さないまでも気にしている社員は少なくない。右も左もわからない彼らが目先の赴任先に一喜一憂するのはやむをえないだろう。

しかし100人の新入社員を各職場に割り当てる人事担当者は、彼らのことはほとんど把握できていない。ごく一部の専門性の高い人材やコネ入社で特別な配慮を要する社員を除いては、わからないまま「ばらまいて」最初の職場を決めるのである。

就職活動の時に、面接官から「入社したら、どういう部署で働きたいか?」といくら質問されても、それはその人物を知りたいために聞いているのであって、適性を見極めようとしているのではない。実際の働きぶりを見ないと適性や能力はつかめないのである。

また人事担当者は新入社員を即戦力として見ていない。はじめは誰でもできることしかやらせない。毎朝オフィスで元気にあいさつしてくれれば、まずは合格なのである。もちろんここで言う「おはようございます」は、単なる儀礼上のあいさつではなく、「今日も皆さんと一緒に仕事をやっていきます!」という周囲への宣言なのである。


何を基準に学生を採用しているのか?


採用時点では、その学生の能力や適性を見極められないとすれば、会社は何を基準に採用の可否を決めているのだろうか。

ある大学の就職部主催のセミナーに出席したことがある。内定が決まった4年生が、後輩に対してアドバイスしている発言を聞いていると、先輩である彼ら自身も、自分がなぜ採用されたのかを取り違えていることが多い。

採用面接では、自分のウリやPRネタを必死で話す学生は少なくない。高いレベルの能力を持った人が採用されるのだと勘違いしているからだ。

また就職活動を始めた頃の学生やその親御さんから必ず受ける質問は、「資格を取得すれば就職活動に役立ちますか？」である。ここでも同様な見当違いが横たわっている。

これらの誤解は、単なる就活のための技術だけではなく、会社生活を送る際の本質的な問題につながっている。

少し前に就活の本を執筆する際に、多くの人事担当者にインタビューを繰り返した。彼らが語る採用基準は、私が人事部に在籍していた十数年前とまったく変わっていなかった。もちろん会社によってニュアンスは異なるのだが、最大公約数的に言えば、選択の基準は「自分の部下、後輩として一緒に働けるかどうか」である。受験のように客観的な尺度で能力の高さを比べているわけではない。

採用責任者たちは、目立った能力や資格を持つ人材を採りたいとは思っていない。その会社が求めている人材にフィットしているかどうかを見ているのだ。

以前、私鉄の人事担当の方に話を聞くと、「事業の基本は分単位で運行する電車の安全走行です。互いにコミュニケーションをとりながら、その運行システムをきちんと確保することが何においても社員に求められます」と語ってくれたのが印象的だった。

少し考えればわかるように、優秀な人ばかりだと会社組織はうまく回らない。いろいろなタイプの人がいて初めて活性化する。また個人の持つ能力を思う存分発揮できる機会は組織の中ではそれほど多くはない。極端に言えばまったくない場合だってある。むしろ会社組織は、自ら進んで縁の下の力持ちになれるような人材を求めている。

自分に向く仕事は、他人が決める

ある私立大学に呼ばれて講演した時に、学生の就職支援を担当していた大学職員と懇談する場をいただいたことがある。

彼は「大学のキャリア講座（その大学では1年生からカリキュラムが組まれる）と実際の就活との間にギャップがあるので、活動の途中で戸惑い、中には活動をやめてしまう学生もいる」と語ってくれた。

彼によると、キャリア講座を受講して、学生が自分の好きな仕事にこだわったり、自分らしさの発揮できる会社を求めているからだという。

「好きなことを仕事にしたい」は、村上龍氏の『13歳のハローワーク』で評判になったキーワードである。たしかに子どもに楽しい仕事に出会えることの大切さを強調するのは賛成だ。しかし、大学生や若手社員が、好きな仕事を求めることで得られるものは何だろうか。

学生は本格的に働いた経験がないので、どういう仕事をすればいいか、志望する会社をどのように選択すればいいかなどの相場観を持ち合わせていない。そのため自分の好きな仕事、自分らしさを表現できる会社と言われれば、そこに親近感を持つ。

しかし若手社員が、すぐに好きな仕事に出会い、自分らしさを発揮しながら会社の業績に直接貢献できることはありえない。先ほども述べたように配属を決める人事部も本人の適性など十分にはわかってはいないのである。

乗用車に関する仕事がしたいと思って自動車メーカーに入社しても、車に直接関係のない仕事をしている人は少なくない。人事、経理、総務やシステム部門などは一定の規模以上の会社では共通して存在するからだ。トラックの事業部に配属されるかもしれない。

大半の社員は、興味の持てない仕事、裁量権のない仕事、希望していない地域での勤務に従事するのが現実であろう。乗用車が好きなことと、自動車メーカーで仕事をすることとは別物なのだ。

また自分の得意なことや好きなことは、自分ひとりで思っているだけでは見間違うことが多い。自分の能力や仕事ぶりを判断して評価するのは、あくまでも他人なのである。

夢や希望にブレーキをかける役割が必要だ

就職支援の話に戻ると、夢や希望を追うことや仕事の中に自分らしさを求めることにブレーキをかける役割がもっと強調されるべきである。かつては夢をいさめる親や先生や近所のオッチャンたちがいたものである。

「身の丈に合った仕事を選べ」「会社の中では創造的でエキサイティングな仕事はほとんどない」など地に足の着いた議論をした上で、選択を勧める役割・機能が求められている。

就活指導や転職支援などのキャリア関係の仕事に就いている人は元気で前向きな人が多い。彼ら自身もキャリア志向が高く、自らの可能性も熱く語る。それはそれで素晴らしいことなのであるが、実際の社会や会社組織は、彼らが語るほど若い社員に対して、意欲に応じた働き場所を提供できるようにはなっていない。

大学職員も学生の夢を壊すようなことはあえて言わないほうが楽なのかもしれない。ただ個人の成長のことを考えれば、仕事選択や働き方について現実に即して説明し、「夢や希望を安易に追うな」「自己実現はもっとあとで考えるべきだ」と強調する役割がどこかで必要なのである。人が成長する時には壁になる存在が欠かせないというパラドックスが存在するからだ。自分の希望と周囲の物言いとの間の矛盾を正面から抱える機会を若者に与えなければならない。

そのためには、地味な仕事の中からも大切なものを得られることや組織で働く意味合いを語り、「だから大丈夫だ」と励ませなければならない。たしかにこういうことを自信をもって語れる会社員を探すのは簡単ではない。

私は中年期に組織で働く意味を見失ったことがある。その時に、誰かのあてがいぶちの話では何の解決にもならなかった。私は、会社員から転身した人たちに直接話を聞きながら自分なりの回答を得た。転身者たちは自らの人生や仕事の意味合いを考え抜いていたので、彼らの体験が私への大きなヒントになったのである。

いずれにしても夢や希望に対して、頭を押さえつけてくれる存在が求められている。それがないと矛盾を抱えて葛藤する機会を得られないからだ。

突出した個性の人間は、会社組織では働けない

若手社員M君から相談があると言うので、終業後に喫茶店で話したことがある。

彼は実家が商売をしていることもあって、自分で何か事業を立ち上げたいと考えていた。彼の目標はゲームソフト会社の社長や脚光を浴びているコンビニの経営者であり、スティーブ・ジョブズを尊敬しているという。

そんな夢を語り続けるM君を途中でさえぎり、「君は何か基本的なところで考え違いをしていないか?」と尋ねた。かつて人事部で採用責任者を経験した時のことが思い出されたからである。

当時は短期間に30人を超える学生に内定を出したこともあった。毎年シーズンになると、朝早くから夜遅くまで連日面接を続けていた。その時に気づいたのは、自分の能力を超えた

人は、私自身が受容できないので採用の可否が判断できないということだ。

それに加えて、採用責任者は内定を決定できる権限の半面として、その学生が入社して配属された職場できちんと働くところまで責任を負っている。

ところが魅力ある個性や突出した能力を持った人材は、組織にすっぽりと納まるイメージがわきにくい。リクルーターの若手社員たちからは「彼をぜひ採用しましょう」と迫られたが、結局内定を出せなかったケースがある。私も彼の人柄に惹かれていたにもかかわらずだ。

またそういう人材は面接に顔を出しても、その後はこちらから呼びかけても姿を現さなくなってしまうことが多い。おそらく「会社ではとても働けない」と直感するのだろう。

この話をした上で、「君が毎日会社で働くことができるのであれば、まず飛び抜けた個性は持ち合わせていないと思ったほうがいい。突出した個性のある人材なら入社もできないし、たとえ働き出しても長くは続かない」と彼に言った。

続けて、「しかし君には彼らが持たない良さがある。この会社に入社できたのは、人事担当者が仲間として一緒に働けると認めた結果だ。それを伸ばすことを考えたらどうか。魅力ある個性や突出した能力と幸福な仕事人生とは必ずしも相関関係にはない。ひょっとすると君のほうがいいポジションにいるのかもしれない」と話した。

M君は奇妙な説得に戸惑っていたが、関心も示してくれた気がした。

ほとんどの人は、スティーブ・ジョブズにはなれない

組織で働きはじめても、すぐには自分の思う通りには仕事ができない。そのためマスコミが取り上げる若手起業家やコンサルタントなどに憧れて、自らを彼らに重ね合わせようとする若手社員もいる。

たしかに若き起業家たちは、個性を発揮し、発言にも説得力がある。たとえば、ある若手起業家は新聞のインタビューに答えて、「ほとんどの人は頑張っていると思うが、自分の日常に埋没している。社会から恩恵を受けていることを忘れず、社会のために行動しなければだめだ」など訴求力のある内容を語る。しかし彼の主張が自分の胸に突き刺さることと、自分が彼になれることとの間には落差がある。

私も若かった当時は、他人の成功例を見て、自分も同じ道をたどれると考えがちだった。しかし成功者のやり方をいくら研究しても彼になることは容易ではない。

大学の落語研究会で好きな師匠の十八番ネタをいくら上手に演じても、その師匠のようには噺せない。落語家が師匠から学ぶのは、落語のコンテンツだけではなく、もっと全人格的なものである。だから内弟子として住み込んで、師匠の暮らしぶりや息遣いから吸収する必要があるのだ。

成功者を短期的な目標にした場合、自分に合う本当の道があるものと思い込み、ますます日常の職場に充足感が持てなくなりがちだ。その結果、日々の仕事に身が入らず、周囲の仲間からの信頼を失うことにもつながりかねない。

そもそもスティーブ・ジョブズ氏のように若くして起業家になれる適性を持っている人はごくごく少数である。実際に起業や商売をしている人たちの多くは、夢を語るジョブズ氏のタイプよりも、「組織で働くことに比べればまだマシ」「まだこのほうが自分の性に合っている」という人が圧倒的に多い。もちろんこれはこれで素晴らしい理由ではあるが。

自己実現を目指して独立、起業したとしても新たな賛同者を得なければならない。場合によっては、顧客の承認を得るために自分を押し殺して仕事を続け、資金繰りに追われるという自己矛盾的な状況に立たされることもありうるのだ。

自分自身のために働くと長続きしない

「最低3年働かないと会社のことはわからない」

社会保険労務士のIさんは、若者のキャリア相談で、こう話すことが多い。

彼は過去に二度離職経験がある。新卒で就職した従業員1000人規模の食品スーパーは1年で辞めた。理由を尋ねると、「勤務時間が長くて、仕事が面白くなかったからです。今から考えると本当に甘かったですね」と笑顔で答える。

すぐに会社を辞めてしまったので、何とかしなければと必死で勉強して社会保険労務士の試験に合格した。その後に勤務した服飾卸会社は入社した4年後に倒産してしまった。当時、会社の総務担当だったIさんは倒産の残務整理に追われながらも、同僚の失業保険などの面倒もできるだけ見た。

その後、自宅に社労士の看板を掲げる。開業して5年で、顧問先は20社を超える。収入も順調に伸びて、狭いながらも大阪市内に事務所を構えてパートの事務員も雇っている。

Iさんは、「自分から営業したことはない」という。社労士としての初めての仕事は、失業保険の面倒を見た元の同僚からの依頼だった。

独立後に学んだ経理学校の講師だった税理士が、「君になら」と自分の顧問先に口を聞いてくれた。キャリアカウンセラー養成講座の受講者仲間からの紹介もあった。その時は契約に至らなくても、間に入ってくれた人のためだと思って真摯に相談にのっているうち、2、3年してから仕事に結びつくこともあるという。

Iさんは、相談に来る若者に、「仕事では、すぐに結果を求めないことだ」と、よく助言している。周りで困っている人がいれば手を差し伸べる。自分を頼ってくれた人には、きちんと対応する。働くとはそういうことなのだとIさんは伝えたいのだ。

以前、労働経済を専攻するK大学の教授が、「何もわからずに入社して、自分の役割を自覚し、誰かのために働いていると実感する。これが、現代の大学生が会社に定着する最も健全な姿だ」と私に語ってくれたことがある。同感である。

長い経済の低迷もあって、社内に閉塞感が漂っている企業が増えていることは間違いない。だからといって、頼れるのは自分自身だけだと、自分のためだけに働いてはいけない。

自分のためだけに働いていたら、何かで自分を鼓舞しないとエネルギーは湧き上がってこない。無理を続けるとすぐに燃え尽きてしまうだろう。教授が述べているように、誰かの役に立っていると実感できることが、長く働ける要件である。

ただライフサイクルの変化も考えると、この感覚をずっと継続して持ち続けることはそれほど簡単ではないことも事実である。

労働者目線、消費者目線

娘の就職活動をリアルタイムで雑誌に連載していた時に、志望する会社を選ぶ基準を彼女に聞いてみたことがある。その時に「身近なものを作っている会社がいい」と答えたのが印象的だった。その会話をきっかけにした娘とのやりとりの中で、彼女がユーザーというか、消費者の視点から発言していることに気づいた。

私たち親世代では、まず働くことから発想していた。まだ貧しさの名残があり、消費よりも労働者として稼ぐことが優先されていた。ところが、娘の世代の初めての社会経験は、買い物などの消費なのだろう。彼女は、携帯電話、ゲーム、音響機器などを自分のものとして買う。一方、私の頃のカラーテレビ、冷蔵庫、クーラーは家庭の購入物であって、個人は消費の主体ではなかった。

この労働者目線か消費者目線かの違いは、世代間の格差を見る際の1つのポイントだ。消費というのは、あくまでも個人の活動であり、自分の意思で決定できることが前提である。一方の労働は、集団で行うものであり、個人の意思は反映できないケースが多い。

会社内では若手社員と中高年の社員は議論どころか、ほとんど会話を交わすことすらない職場も少なくない。そこには、世代間のギャップや社内での役職の有無の違いもあろうが、この労働者目線と消費者目線に代表される、働くことに対するとらえ方の違いがある。

ライブドア問題が過熱した時に、若者は注目を浴びた起業家にエールを送ったのに対して、マスコミにマイクを向けられた街頭の中高年が、「やはり汗水垂らして働かなければ」というフレーズを繰り返したのも、このギャップの表れではないか。

親の世代や経営者・管理職層は、貧しい時代のやり方は知っていても、それを主張するだけでは若者には受け入れられない。親や経営者層の持ち出す意見や説得の背景にあるのは、常に過去の価値観、倫理観であるからだ。若者にアドバイスや指導を行うには、消費者目線のベースとなる豊かな時代の生き方や感じ方を受け止めなければならない。

会社では、頑張ったぶんは自分には返ってこない

先日、あるビジネスパーソン向けの週刊誌の取材を受けた。その際に記者が、「若い理系社員の中には、『大学時代には、毎日実験もあってよく勉強してきたのに、会社に入るといつも遊んでいた文系の学生のほうが出世して、彼らにこき使われる。これは納得がいかない』と発言する人がいる」と話してくれた。

記者の発言に興味を持ったのは、メーカーの人事部の課長職から同様の話をたまたま聞いたことがあったからだ。その時は人事面談という公式の場で、文系の社員を批判する発言が飛び出したというのだ。

私は記者に、「そもそも、自分は勉強してきたのに、と考えること自体がおかしい。会社は1つのコミュニティーなので、自分が努力した成果がそのまま自分に戻ってくる仕組みになっていない。その代わり自分がしんどい時は周囲から助けてもらえるケースもある、それが会社です。仕事は真面目に取り組んでも、優がもらえるとは限らない。そう学ぶことが社会人では大事なのだが、若いうちは理解できないかもしれない」とコメントした。

受験では、勉強したぶんだけ入試結果として自分に跳ね返ってくる、大学では努力したぶんは成績として個人の評価になる。しかし会社内では必ずしもそうではない。むしろ頑張ったぶんがそのまま個人に還元されることは例外なのだ。

一般の社会では、努力と成果との相関関係は崩れているのが普通だ。本章の冒頭に登場したK君も、会社訪問を繰り返す中で、就活は努力だけではどうにもならないことに気づいたという。「モノゴトは努力では解決しない」。これも冒頭に述べた通過儀礼の意味合いの1つかもしれない。

現実には、力量のある部下が年功で昇格した上司を支えるケースもある。役職と能力が逆転しているのでおかしいと言えばおかしい。能力のない上司が高い給料をもらっているのはけしからんということになりそうだ。しかし一方では、互いに助け合うことがコミュニティーである会社の力を強める面もある。

また助ける側に回る部下も、自分に見返りが少ないからといって、不満を垂れているばかりとは限らない。むしろ活き活きと働いている人が少なくない。このあたりが組織で働くことの面白いところでもあるのだ。

なぜ会社は、人事評価よりも評判を重視するのか

言うまでもないが、会社は社員一人ひとりの能力の合計で経営をしているわけではない。法人という組織にまとめあげて利益を上げている。だから組織の一員として、縁の下の力持ち的な仕事や黒子に徹する役割が求められる。

昨今は、会社の経営環境は厳しくなっている。個人の能力を高めるために成果主義を導入する会社も少なくない。

しかし、いくら企業間の競争が激しくなっても、また社内の評価基準が変わろうとも、会社内の労働システムはあくまでも協調して働くことであり、これは揺るがない。むしろ他社との競合が厳しいほど結束しなければならない。社内は個人の能力や実績を競う場ではなく、あくまでも社員の力を結集して組織の総合力を高めるフィールドなのだ。

会社内における個人の評価も、周囲の人と協調して働くことが前提になっている。このことを忘れてはいけない。

職場の中の人間関係は、仕事上の機能のつながりとともに、各社員の心情的な結びつきに

よるものがある。どちらかと言えば、後者に比重のある組織のほうが多いだろう。だから公式の人事評価よりも会社内での評判のほうが優先されるのである。「一緒に気持ちよく仕事ができる人」「組織のパフォーマンスが上がる環境づくりができる人」が評価されるのである。

元経団連会長で、名経営者と呼ばれた土光敏夫氏の著書にある「信頼される人になるための行動基準」は、左記にあるように実にシンプルなものである。

一、「相手の立場にもなって物を考える」
一、「約束をきちんと守る」
一、「いうことと行なうことを一致させる」
一、「結果をこまめに連絡する」
一、「相手のミスを積極的にカバーする」

特に土光氏は、5つ目の「相手のミスを積極的にカバーする」は、信頼を超えて尊敬を生み出すとまで本の中で言っている。

以前、ある大学のゼミに呼ばれた時に、IT企業に内定が決まった4年生から「自分は器用なタイプではないので、結果を出せるかどうか心配だ」という相談を受けたことがある。

会社内は能力や実績を競う場であると勘違いして、自分で自分を苦しめていた。

ただし協調して働く場所に身を置き続けることは、自分を押し殺すという側面もある。しかし一度はこの過程を通るべきである。自立は依存の延長線上に生まれるものだからだ。押し殺した自分をどうするかという課題は、会社員生活の後半戦に持ち越される。

切り札はあとから出すほうが威力を増す

市役所の職員から大道芸人に転じたYさんという人にインタビューしたことがある。もともと彼は、小さい頃から憧れていた大道芸人になりたかったのだが、高校を卒業して市役所に勤めた。そして44歳で夢を叶えた。

もし、高校卒業時に大道芸の世界に入っていたら、どうなっていたと思うかをYさんに聞いてみた。彼は「すでに（大道芸人は）辞めていたでしょう」と答えた。大道芸には一定の経験を積まなければ出せないものがあり、年齢的なものは無視できないという。また公務員と大道芸人は、対極の仕事のように見えるが、組織の動かし方やイベント運営の際に役所での経験が大いに役立っていると答えてくれた。

外車販売の会社員からギタリストに転じたKさんは、長くサラリーマンとして働いた経験から1人でマネジャーの役割を担えるし、自分自身で直接プロモーションもできる。そのきめ細かい対応が、ギタリストとしての活動の幅を広げている。Kさんと一緒にユニットを組むこともある音楽家は「ミュージシャンにも、Kさんのように社会に出て働いた経験が必要だ」と語っている。

昨今は、若いうちからやりたい仕事や自分に適した職業を求めようとする風潮がある。しかし経験の浅い時期に、将来の目標を決めて現在の自分に無理に結びつけようとしないほうがいい。むしろ自分を超えた制約の中に身をゆだねることも必要だ。苦手と思える仕事のほうが自分の幅を広げるのに役立つ場合があるからだ。

会社の人事部でも、管理部門で育成したい人材にあえて一定期間営業を経験させたり、営業のエースを人事部で働かせることもある。

「おくりびと」や「日本沈没」など、数多くの映画をプロデュースしてきた中沢敏明氏は、「企画の初期に大勢の人の意見を聞いた作品は、大勢の客に受け入れられる」と述べている。

異なる経験が多ければ多いほど、それらがつながった時の迫力は相乗効果を持つ。

たとえ希望とは違う仕事であっても、それを活かしてあとの夢の実現を図るというやり方もある。自分の興味あることに取り組むのは、40代からでも十分間に合うことを私は多くの転身者の取材から学んだ。私自身の体験からも自信をもってそう言える。急がなくてもいい。切り札はあとから出すほうが威力を増すのだ。

まずは3年、なぜか3年、石の上にも、会社の中でも3年

かつて支店の次長を務めていた時には、4月1日の仕事は毎年決まっていた。本店での入社式を終えた新入社員を支店まで引率して戻るのだ。途中でホテルの喫茶店で軽い顔合わせをする。その年の新入女性社員5人の中に、短大を卒業したKさんがいた。少しおどおどした様子で、うつむいて話し、正直言って大丈夫かなと思った。彼女は、支店からかなり離れた営業所で働くことが決まっていた。

それから3年。私がその営業所に出向くと、窓口で男性客が、納得できないと声を上げて怒り出した。応対に出たKさんは、相手の感情を受け止めながら、きちんと事務の説明をして、最後は笑顔で客を送り出した。周囲は当たり前の様子だったが、私は彼女の成長ぶりに

驚いたものだ。

娘の就職のルポをしていた時に、「仕事に自分らしさを求めるな」「好きなことは仕事にできない」と娘に話したら、妻から「それじゃあ、どうすればいいの？」と質問された。「とにかく縁のあった会社で、まずは3年間一生懸命働いてみることだ」と答えた。私は、新入社員として支店で3年半過ごした。1年目は実務を覚え、仕事の全体像を把握するだけで精一杯だった。ところが4年目になると、自分でかなり仕事を回せるようになった。Kさんも同様だったと思う。

一定期間組織にいること自体が力になる。会社は理性と論理で成立しているように見えるが、人間関係をはじめ実際は多くの不合理なものを抱えており、それは時間をかけて感じとらないと理解できない。

第5章でも述べるが、実は私はこの3年間ということに興味を持っている。会社員から転身した人々の話を聞くと、「3年で1つの目処がついた」と話す人が圧倒的に多い。学生から社会人への切り替えにも、この程度の時間が必要だと思う。

落語家の桂枝雀師匠は弟子に、「まず8000時間稽古をしたら」と話した。1日8時間とすればほぼ3年である。比較的転勤の多い業界でも、1つの職場に在籍する目処を3年としている会社は多い。

人は一定の時間をかけないと自分の立場を変えることはできない。人の感覚という尺度においては、最低3年程度の時間が必要なのだろう。逆に言えば、少なくとも3年程度はとにかく努力してみることだ。「石の上にも三年」のことわざには深いものがあると、今あらためて感じている。

本当の自立って、どういうこと？

組織からの自立を強調し、個人の自己確立の重要性を説きながら、フリーエージェントという働き方を勧める考え方もある。

たしかに、会社に雇われて生きることは、かつてのようにノンリスクではなくなった。たくさんの従業員を抱え込み、資本を投入して大量生産するシステムは日本では制度疲労を起こしている。またどこにいてもパソコンさえ開けば、時間・空間に縛られずに仕事ができるようになったことも事実だろう。

しかしだからといって、なぜ「会社から自立し、会社に依存せずに生活を維持する道を探すべきだ」という話になるのかがわからない。

自立と依存というと、つい二律背反の概念だと考えがちだ。しかしそれは言葉の上での話であって相いれないものではない。

あえて言うなら、十分に依存することの延長線上に初めて自立が現れるのである。サラリーマンからの転身者の話を聞いて感じたのは、組織に一定の期間どっぷりとつからなければ組織のことが理解できないし、組織との距離感も測れない。

転身して「いい顔」をしている人で、はじめから組織に依存せずにきた人を私は見たことがない。

人間はAかBかに単純に割り切れる存在ではないので、簡単に対立概念をあてはめないほうがよい。

特に働き方などの課題になると、その中に矛盾する要素がいっぱい包含されている。A、Bのどちらがよいかと議論をするよりも実際に働いている姿をきめ細かく観察するという姿勢のほうが得るものは大きい。

ここで間違えてはいけないのは、会社から離れたからといって依存の関係がなくなるわけではないということだ。

期限付きで専門性の高い仕事を請け負う、独立した個人のことをインディペンデント・コントラクター（IC＝独立業務請負人）と呼ぶことがある。

数年前に、そのIC協会の初代の理事長に話を聞いたことがある。外部から入って請負的な仕事をするほうが、雇用関係にある社員よりも、より短期間で一緒に働く人との人間関係を構築する必要があると彼が発言したのが印象的であった。

また私は、執筆のヒントを得るために数多くの作家、文筆家の講演会に足を運んだ時期がある。

意外だったのは活躍している文筆家の誰もが、一緒に仕事をしたくなるような雰囲気を醸し出していることだった。昔の小説家でイメージするような孤高の人はいなかった。編集者などとの連携のことを考えると当たり前なのかもしれない。

つまり会社に在籍しているか、個人で働いているかにかかわらず、一緒に働く人との連携は重要で、誰もが互いに依存しながら仕事を進めているのである。

そう考えてくると、そもそも働くことに自立という概念を立てること自体が妥当なのかという疑問もわいてくる。

「仕事による自己実現は目指せない」

会社や組織の持つヒエラルヒー（序列）は、現在の若い人にとって魅力のないものであることは私もそう思う。社内の役職や立場の上下を前提に、仕事を進めるやり方では気持ちが続いていかないこともあるだろう。

また我を忘れる体験を一度もしないまま人生を終わりたくはない人や、自分という存在を何かに賭けてみることによって、自分が生きたと言える実感を得たい人も少なくないはずだ。しかし、そこに至るには一定の経験が必要であるし、タイミングというものもある。

若い時期だけを切りとって、そこに最適な解答を無理に見出そうとすれば見間違うことが多い。私たちは、過去とも未来とも切り離された存在ではない。将棋の勝負の中の一手のように一連の時の流れの中にいるのだ。

日本生産性本部が実施した２０１１年度の新入社員の春の意識調査によると、「仕事を通じてかなえたい夢がある」と答える新入社員は70％を超えている。

繰り返し言うが、若手社員が、すぐに好きな仕事に出会い、会社の業績に直接貢献できることはありえない。

まずは仕事による自己実現は目指せない。ここが出発点である。

私が入社早々から自分のやりたいことに取り組んでいたら、どうなっていただろう。

執筆に関して言えば、誰にも読んでもらえず、評価も得られず、徒労感だけが募ることになっただろう。好きなだけではまったく歯が立たなかったはずだ。一方、今は社会人生活30年の経験を背景に、休日もなく執筆に取り組んで7年。何とか原稿料をいただけるようになった。

2011年に書いた『人事部は見ている。』は幸いなことに、多くの読者に手に取っていただいた。その時に私が感じたのは、短期間に心血を注いで書いたインタビューやルポよりも、若い時から長く取り組んできた仕事について書いた本のほうが、より多くの読者に伝わったのである。社内で指示された仕事をこなしてきた積み重ねが、自分の基礎力になっていたことに気がついた。

若い人がすぐに外で勝負することは難しい。経験の差は時間で埋めるしかない。会社では、部下や後輩に丁寧な指導をしてくれる。場合によっては厳しい叱咤もあるだろう。でもこれは長く一緒に働くことを前提としているからだ。私は、現在、半分はフリーランスの仕事をしているが、そこでは教えてくれたり、叱ってくれたりはしない。レベルに達していなければ次の仕事がこないだけだ。

組織での仕事は、誰もができることをベースに設計されているので、若い時にまず自分を鍛えるには格好の舞台となりやすいのである。

会社は給料をくれるだけではない

3年で社会人への切り替えを行い、それ以降は、働く仲間や顧客へのお役立ちを目指して仕事を進め、10年でプレイヤーとして独り立ちする。このあたりが組織で定着する1つのモデルだと思う。

もちろん趣味を充実させて、仕事は仕事と割り切る手もあるかもしれない。しかし趣味は趣味の範囲でしか、喜びを手に入れられない。仕事は、世の中の多くの人に必要とされているものを基礎にしているので得るものは趣味の比ではない。

実際に会社勤めを始めると、先輩から納得できない指示を受けたり、自分の存在を否定される言葉を投げつけられることもあるだろう。でもそれも間違いなく社会の一コマである。その中で、働く意味を見つける。それが大人になるということではないか。

会社や組織で働くということは、さまざまな矛盾の中で自分とどのように向き合うかが問われる。矛盾や葛藤が詰め込まれているぶん、どんなビジネススクールや資格学校で学ぶよりも価値がある。

繰り返しになるが、一度どっぷりと組織と格闘しないと、本当の意味での人との信頼関係は築けない。自立した仕事をするためにはこの経験が意味を持つ。

そう考えると若手社員の時に、会社から受け取るのは給料だけではなくて、仕事の経験、知識、人との付き合い方だと言えそうだ。

いずれにしても、好きな仕事や自分らしさを発揮できる会社を探すために、膨大な時間と労力を費やすくらいなら、周囲の同僚や顧客と楽しくやっていけて、どんな仕事でも前向きに取り組める自分になるために、何をすればいいかを考えるべきだ。

せっかく縁あって入社したのに、その会社が自分に合っているのかどうかなんて迷うよりも、まずは日々の足もとの仕事に注力すればいい。自己実現はもっとあとで検討しても十分間に合うのである。

第　2　章

会社人間になってみる

人事部や会社が最も成長を期待する期間

学生から会社に定着したあとの十数年は、ビジネスパーソンとして最も成長ができる時期である。会社も将来の戦力と期待して、惜しみなく教育や育成に注力する。年次別の研修を毎年のように行う会社もある。

この背景には、入社年次の同じ社員を1つの集団として把握し、転勤や配置転換の繰り返しによって職務範囲を広げさせ、仕事能力の熟練度を高めていくという人事運用がある。同時に各職場での評定を積み重ねて、各社員の人事評価を確定していく。

育成も評定も、基本は現場の所属長にまかせるが、人事部が研修のタイミングに社員との面接をセットすることも多い。そうして各職場の社員を横断的に見る機会を確保している。同年入社の社員を同等に扱うことによって、「職場や上司に恵まれていない」「自分は見てもらっていない」という不満を和らげたいという意図も人事部にはある。業務スキルやマネジメント力を養うだけが研修の目的ではないのだ。

こうした研修は、社員にとっても日常の仕事から一歩離れられ、適度な気分転換になる。

管理職に登用する直前の集合研修で、さまざまな演習を実施する会社もある。人材アセスメントとも呼ばれ、リーダーとしての取り組み姿勢や管理者としての行動パターンの観察を通じて評価を行う。これらの結果を昇進昇格の参考資料にする会社もある。

具体的な演習には、管理職の役割を与えられて書面に書いている業務課題を次々と遂行するインバスケット、メンバー同士のグループディスカッション、反発する部下を説得する模擬トレーニング、自社の役員会で新製品の説明をするという設定でのプレゼンなどがある。

また業界の検定試験を受験させたり、税理士、証券アナリスト、中小企業診断士などの資格取得に奨励金を出して支援を行っていたりという会社もある。海外留学や各種派遣制度の希望者を募り、人材育成や社員への刺激策に結びつける企業も存在する。

ただし、これらの研修や自己啓発の機会は、課長職を登用する頃には終了する。大手企業では、平均すると40歳前後に課長職に就くのが一応の目処だろう。

この年代よりあとになると、集合研修や自己啓発支援策は激減する。課長職への登用が始まる年代になれば、人事評価もほぼ確定して、個々の社員に働いてもらう業務分野も決まってくるからだ。

会社側のマネジメントも年齢的要素を勘案しているのである。

仕事に不満があるなら、仕事で解決せよ

このような会社の方針・運営を、社員個人の視点から見るとどうなるか。

初めて役職に上がる時期を入社5〜7年くらいに設定している会社は多い。その肩書きは、主任、係長、補佐などで、新入社員の頃に比べると、仕事の幅も広がり後輩を指導する立場にもなる。新たな経験を積むことができ、自分自身を磨くチャンスとなる。

給与は年々上がり、部下を持つこともある。ポジションが上がるほど、担当する範囲が広がる一方で、売上目標や組織の運営責任も重くなる。

入社10年くらいまでは、組織で働くことがまだ新鮮なので、自分が成長しているという実感も得やすい。会社で働く1つの醍醐味である。せっかくの機会なので、働く側としては、これをうまく使わない手はない。

以前に小売業で働く入社7年目の男性社員A君から相談を受けたことがある。彼は転身したサラリーマンについて私が書いた新聞記事を読んで連絡してきてくれた。

彼は、今の仕事に面白さを感じられず、何とか現状を打開したいと話す。将来の独立に向けて社労士の試験勉強を始め、学生時代にやっていたラグビーにも再度取り組みたいが、妻子がいるので当面は会社で働くという。

時間的な余裕については、土日はほぼ休めるが、平日は朝8時過ぎに出社して、ほぼ毎夜の8時か9時まで業務に追われている。本人は真剣だが、どうしても社労士になりたいという意志が伝わってこない。いろいろ話を聞くと、「自分が会社から評価をされていない」という思いが見え隠れしていた。

顧客からの要望やクレームを営業部門から吸い上げて、社内の担当部署に割り振るのが、彼の仕事だった。組織間の縄張り意識もあり、考え方の違うマネジャーもいるので気苦労が絶えないという。

私はA君に、ただ顧客の要望やクレームを割り振るだけではなく、それらをすべて記録して、内容を整理・分析することから始めればどうかと提案した。そうすれば顧客対応に関する会社の課題が見えてくるはずである。組織間の連携のあり方に関する基礎資料になるかもしれない。社内の業務提案コンクールが年に1回あるというので、応募することも考えられる。

顧客要望やクレームに対処する方策は、多くの会社にとって共通の課題であるから、その分野を深掘りすれば汎用性も膨らんでくる。将来は業界紙や社外の研究誌に発表できるチャンスもある。

現場の仕事にコンテンツを求め、地道に取り組むほうが、自分の評価も良くなる可能性が高い。上司から離れようとするよりも、そのほうが生産的ではないかと話してみた。

「会社の仕事」以外にやりたいことを求めていたA君にとっては意外だったようだ。自分にできるかどうかを頭に描きながらじっと私の話を聞いていた。

たしかに「会社の仕事は収入を得るため」と割り切る考え方もあるだろう。しかし時間と労力を考えると、仕事とはまったく別の何かに取り組むのは、現実的には難しい。若いうちは日常の仕事から何かを学び取るほうがうまくいくことが多い。加えて、立場や考え方の異なる仲間と一緒に働くことは会社を離れてはなかなか得られない経験なのだ。

面談のたびに異動を訴える部下に困り果てる

若い時期は自らを磨くチャンスであるが、同時につまずく例もある。

ある金融機関の支店次長は、総合職の男性社員B君への対応に困り果てたという。B君は新入社員として支店に配属された時から、支店業務は自分に合わないと訴えていた。

B君は、年に4回ある面談のたびに、「今の仕事は自分には向いていない、本部の不動産部門に異動したい」と主張し続けた。不動産には学生の時から興味を持ち、宅建の資格も取得していた。同期から不動産に関する本部の特別チームが立ち上がったという話を聞いて参加したいと考えたのだ。次長は、今の仕事をきちんと勤めれば、その職務に就ける可能性もあると説得を繰り返した。

1年目は、B君の態度の悪さや仕事上のミスも、周囲は笑って許していた。ところが2年目になると、勤務中に意欲がうかがえない様子が見えはじめ、たびたび遅刻をし、しばしば「体調が悪いので休む」と朝に電話してくるようになった。2年上の先輩はB君が休んだ時のバックアップを常に頭に入れて仕事を進めなければならなかった。

仕事を離れると同僚と屈託なく語らうB君に、次長は違和感とともに憤りが募っていた。次長が我慢ならなかったのは、彼が休んだ日の夜に支店近くのコンビニから出てきた彼とばったり出くわした時の態度であったという。悪びれた様子もなく会釈をして軽い足取りでその場を立ち去ったらしい。

その後もB君は面談のたびに異動を訴えたが、もちろん次長は応じない。勤務態度は変わらず、周囲とも溝ができていった。そして3年目の秋の面談でB君は、会社や同僚に批判的な発言をした。次長はその場で面と向かって激しい言葉を浴びせた。結局B君は間もなく退職してしまった。

次長は「今から考えると、役職の上下を離れて、もっとB君と語り合っていれば違った展開になったかもしれません。最後は冷静さを失ってしまいました。結局B君のことは理解できないまま終わったというのが本音です」と語ってくれた。

他の部下が、次長である自分のB君に対する態度をどのように思っているのかも気になって、辛い日々が続いたという。

大手企業の管理部門で働くC課長も、B君と同じように「適性のある仕事に就きたい」と主張する部下が少なくないという。そういう部下に限って、重い仕事を与えると、腰が痛いとか気分がすぐれないと言い出したりすると嘆いていた。また入社7、8年の中堅として十分機能発揮している社員が、目標管理の面談で「今の仕事は私には合っていない」と訴えることもあるという。

転職支援会社のビジネスモデル

ある社団法人の管理職が、昼休みに驚いた光景を見たと語ってくれた。前月に中途入社した30歳手前の職員が、パソコンで真剣に転職サイトを見ていたというのだ。冗談で何かを言おうとしたが、真剣に画面を追う姿を見て、言葉が出なかったという。転職しても、自分に合わない仕事だと判断すれば、すぐに次の仕事場を探す人もいるのか。

その話を聞いて、転職支援会社のサイトを検索してみた。

自己分析・自己PR〜企業研究〜書類応募〜面接対策〜円満退社——すべての転職のプロセスについて、その会社に相談できる。求人も業界別に整理されていて、転職に成功した人へのインタビューも掲載されている。

各社のセールスポイントは、共通していて、①求人数の多さ、②非公開の求人を持っている（他社にはない極秘プロジェクト案件や人気企業の急募求人があると強調されている）、③専任のアドバイザーが経歴書作成や面接の準備、相手企業とのアポの調整までやる、と強調されていた。今は転職したくなくても、気楽に専任のアドバイザーに相談してもらえればいいとある。至れり尽くせりで、しかもすべて無料である。

余談になるが、そのサイトには適職診断テストもあった。試してみたところ、私は、いろいろな意見を受け止められる、「名キャッチャー」というカテゴリーに入り、オペレーター、WEBクリエーター、インテリアデザイナー、アロマテラピストが向いているという。性格カテゴリーはそんなものかと思ったが、美的感覚にはまったく自信がなく、かつパソコン音痴なので、指摘された適職を見て驚いた。私からこの話を聞いた家族も大笑いだった。

それはともかく、ある経済誌の編集者は、適職に出会えることを若者に吹き込んでいるのは転職支援会社だとして批判する。それが短期間で繰り返し転職する若者を増やし、結果として積み上げるべきキャリアを持たない若者を量産しているというのだ。

たしかに彼が指摘するような側面もあるのだろうが、転職支援会社が、一定のニーズを汲み上げて市場を拡大させてきたのも事実である。結果として企業とビジネスパーソン双方の選択の幅を広げている。

先日も中堅商社の採用担当者に取材をしていると、最近は転職市場からも一定の人材を確保できるので、新卒採用の際に採りたい学生がいなければ無理して内定は出さないとのことだった。私が採用責任者だった頃は、新卒の学生を採用できなければ次の年まで待たなければならなかった。かつては労働市場の非流動性が前提だったが、新卒一括採用以外の道筋が生まれているのである。

仕事探しが、洋服探しと同じでいいの？

問題なのは、「適職に出会えるという甘言を簡単に信じるな、惑わされるな」ということを若い社員にきちんと伝える人がいないということではないか。

娘の就活の際に、消費者目線で会社選びをしていることに気づいたと第1章で書いた。意識のイメージはこうだ。ショッピングモールで服を探している。「お似合いですよ」と声をかける店員もいる。お金を出して買うのだから、自分にぴったり合う服を試着しながら探し続ける。周囲から「素敵だ」と誉められたいし、安く購入したい……。

つまり自分にとって格好のいい、かつ割のいい就職先を探したいと思っているのだ。

ただし若手社員からは、転職や就職支援の会社が発する適職志向のプロパガンダについて、「本当に適職志向は正しいのか」「活き活きしているのは適職を勧める支援会社の社員だけではないか」などと懐疑を含んだ発言を聞くこともある。しかし適職志向以外の選択肢を若手社員に教示する存在はいない。

「働くということは、君たちが考えているようなことではない」と真剣に語ることは思いのほか難しい。先ほどのC課長も、適性のある仕事をと訴える部下に「そんなんじゃないんだ」と心の中では思っても、面と向かって部下には語らない。とにかく聞き手になって本人が気づくのを待つしかないと語ってくれた。たしかにそのあたりが合理的な対応なのかもしれない。

本当は、理屈ではなくて、仕事を通して活き活きしている人の存在から学ぶしかないのだろう。そこで連想するのが、高校1年生の時に聞いた元ソニー社長の井深大氏の講演である。彼は私の高校の先輩で同窓会長も務めていた。40年も前なので講演の内容は一切覚えていない。でもこの人は何か違うなあと感じたことは、いまだに記憶に残っている。

高校の同級生にこの話をすると、彼もインパクトを受けたと言い、井深氏が落第したから他の人よりも2倍の友人を持つことができてよかったと語ったことだけを覚えているという（これが事実かどうかはわからない）。

勝手な想像をすれば、私たちに刺激を与えたのは話の内容というよりも、仕事のことを深く考え抜いてビジネスの現場で活躍している人が発する雰囲気であり、「割のいい仕事など、求めなくてもいいのだ。失敗しても大丈夫だ」とその存在をもって語ってくれたからではないか。だから40年の時を越えても影響力を持っているのではないだろうか。

そう考えると若手社員との意思疎通さえない中高年社員が、この役割を担うことには無理がある。会社の中では、失敗しないように仕事をしている人がほとんどだからである。

「新型うつ」と会社への不適応

あるＩＴ企業の人事部で、社内のメンタルヘルスの責任者を務めている課長に取材したことがある。その会社は、メンタル面に課題を抱えた社員も少なくないので、彼のような専任者を人事部に配置して、産業医とも連携をとりながら対応していた。

彼は入社して数年間はシステムエンジニア（ＳＥ）を経験、その後人事部に異動になり、採用を担当してから現職に就いた。現場のＳＥを経験して、採用の仕事で若手社員を入社時から熟知している彼の話には説得力があった。

「中高年のメンタル不全は休養とクスリで回復しやすいが、20代から30代前半の社員の場合は、会社（の仕事）に対する不適応なので対応が難しい」という。また「彼らは他罰的な姿勢なので、新たな職場に転勤させてもうまくいかない」と率直に語ってくれた。

少し割り切った考えだと感じながらも、「不適応」と言われると、かつて人事部を経験した私の実感からもうなずける点がある。ただ当時はそれほど多くの対象者はいなかったが、今はどの会社も苦労しているようだ。

メンタルヘルスに関する講演会で、私と一緒に講師を務めた心療内科医が、「最近は、『新型うつ』と呼ばれる若い人のメンタル患者が増えている。中高年と違ってクスリが効かない症例が多いが、医院としては受け入れざるを得ない」と話してくれた。この話も先ほどのＩＴ会社の課長の発言とも無関係ではなさそうだ。

ある会社の労働組合は、長期休職者に対して会社の制度とは別に補塡金を出していた。ところが若手を中心に受給者が増えて、組合の会計が苦しくなったという。先進的で優良なイメージを持つ会社でも、この課題に苦しんでいるのかと驚いたものだ。また人事労務雑誌や経済誌でもメンタルヘルスの特集が繰り返し組まれている。

先ほどのＩＴ企業の人事課長が指摘していた不適応は、単純に業務が自分に合わないという問題だけではないのだろう。「目標の実績数値を達成すれば、それに相当するご褒美がある。だから実績向上に努力すれば、充実した仕事生活が送れる」という一面的な人の見方に対する懐疑的な気持ちがあるのではないか。

「頑張れば役職が上がる」「実績を積めば給与は増える」「長く働けば安心した老後が送れる」などの外形的に評価できる基準を与えれば、社員のやる気は当然のように起動すると考えている会社側の姿勢もこの背景にありそうだ。

役職や収入が重要なのは、ある種当たり前だ。しかし職場で働いている人々を見ると、彼らは意識下では、外形的な評価よりも他人との関係や絆を求めていると思われるケースも少なくない。若い時期は役職や収入にコミットすることで何とかやっていけても、無意識の世界では、それに対する矛盾を抱え込んでいる社員は少なくない。

仕事は向こうからやってくる

私が、キャリアや自己分析なる言葉に出会ったのは、10年ほど前にキャリア・コンサルタントの資格を取得するために学んだテキストだった。

そこには、「自分自身を洞察して『自己理解（自己分析）』を行い、職業情報を把握する『仕事理解』を経て、そして『意思決定』する」と書いてあった。計画的に、また理性的にキャリアを考えることができるのだと当時は納得した。

ところが、サラリーマンから転身した人のインタビューを始めると、キャリアはそういうプロセスをたどらないことが、すぐにわかった。計画的な意思決定ではなく、人との偶然の出会いによって次のステップが見えてきたという人が大半である。

自分で探すというよりも、むしろ向こうから呼んでもらうものだと考えたほうがいいと思える場面に接する。そう考えてみると、仕事は英語ではコーリング（calling）とも言う。

面白い1つの例を挙げてみよう。

元は航空会社の社員だったGさんは、40歳を超えて退職した。次に何をするかはまったく白紙だった。退職後、教師、ペンション経営、農業など世の中のありとあらゆる仕事をノートに書き込み、いろいろな職業の人に実際に会って話を聞いた。しかしすぐにできることは何もなく、自らの非力さを思い知った。

ところが半年後、たまたま昼食時にテレビを見ていると、ハム・ソーセージ店の主人が出演していた。その画面に釘付けになった。なぜか興味がわき、電話でアポをとった。その主人に会ってみると、彼も脱サラで「本気でやる人があれば、技術を教えるつもりだ」という。Gさんは、この仕事ならやっていけそうだと感じて開業に向けて9カ月間必死で教えを乞うた……。

社会にどのような仕事が存在するのか、自分にとっての適職は何か、そのために自分は何ができるのかをいくら頭で考えても答えは出ない。自分に合った仕事がどこかに転がっているのではないからである。

ある大学のゼミ生を取材したところ、就活を始める前からの志望業界や会社にすんなり内定が決まった学生は、20数人中1人だけだった。各学生が試行錯誤を繰り返しながら、働く会社が決まるのである。これを外部から観察していると、その決まった会社に導かれたのだと思えてくるから不思議だ。

私自身の執筆のことを振り返ってもそう思う。就職をテーマにしたことについて言えば、編集者が「娘さんの就活をリアルタイムで連載してみませんか」と提案してくれた。また就職に関する拙著を見つけて記者やプロデューサーから、新聞の連載やテレビ出演の依頼を受けた。要は他人から声をかけられたものばかりなのだ。

仕事というものは、自分がするのではなくて、いろいろな縁や出会いの中で他人からさせてもらっている。やはりキャリアの展開は他人からの要請の中で進んでいくものなのだ。

誰のために働くのか

私は、会社勤務のかたわら2011年までの3年間大学で非常勤講師として、「学部学生のための会社学」という授業を受け持っていた。

毎年、1回目の授業の冒頭に、「何のために働くの？」「働く動機は何？」という質問を受

何のために働くのか

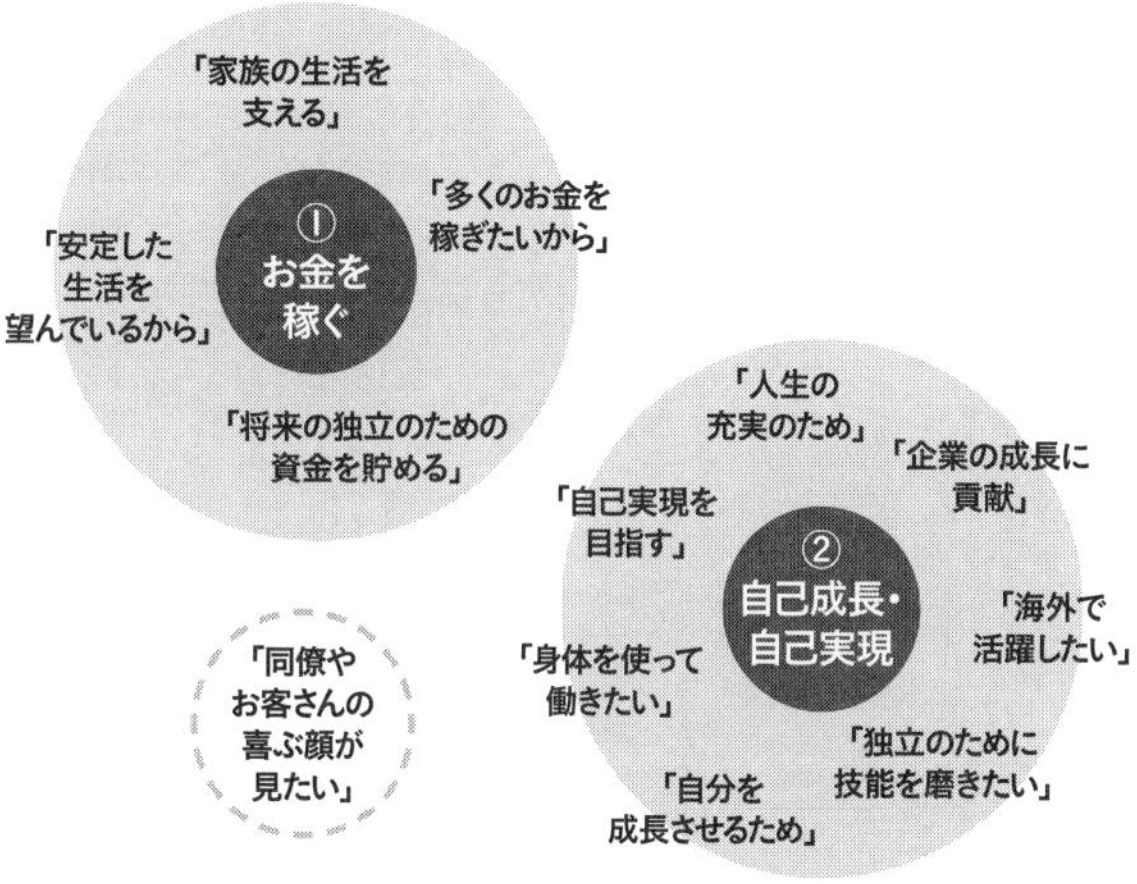

講生に求めてグループディスカッションを行った。

具体的には、自分が考える働く動機の上位2つをシートに書き込み、5、6人のグループで話し合う。上位2つとしているのがミソで、1つだけだと「お金を稼ぐため」「生活のため」などに集中するが、2つ以上になるとバラエティに富んだ回答が飛び出す。

はじめは互いを意識しながらディスカッションが始まるが、10分もすれば学生間の話が弾んでくる。彼らの回答を簡潔にまとめると、図のように「お金を稼ぐ」と「自己成長・自己実現」の2つに分けられた。

そして議論のまとめの段階で、「同僚やお客さんの喜ぶ顔が見たい」という回答が残った。コンサル会社への就職を目指しているH君が、「『他人のために働くこと』がポイントで、それがこの2つの考え方の基本というかベースにある」と発言した。

彼のコメントをきっかけに発言が活発化した。

体育会に所属する男子学生は、「家族とか自分が背負うものがあれば、いくらでも頑張れる」と力強く言い切った。彼がどういう情景を念頭において発言したかはわからなかったが、その意見には重みがあった。自分にとってかけがえのない人が路頭に迷うとしたら、「何のために働くか」は自明だろう。

百貨店のバイトを通して、自分に適性のある仕事に就かねばならないと考えていた2年生の女子学生は、「混乱してきた」と嘆いた。

またマズローの説を引用して「自己実現」と書き込んだ学生は、「自分だけでは自己実現はできないかもしれない」と見解を弱めた。

受講生が書き出した図の①も②も自分のために働くことだった。しかし企業に長年在籍してきたわが身を振り返れば、自分のために働いていたのでは長くもたなかっただろう。

同期の仲間と出会う、先輩に指導を受ける、ライバルと成績を競う、上司に叱られる、顧客の喜ぶ顔を見る、チームの目標を達成する、後輩にアドバイスする、同僚と無駄話ができる、などが不可欠だと思い返したのだ。

もちろん人間は、自分自身の利益に強い執着を持っている。しかし現代以前に書かれた小説などを読んでいると、必ずしも自分の利益を最優先にはしていない。むしろ自分以外の存在に重きを置く生き方を目指してきたように思える。それは家族や地域であったり、いわゆる神であったりする。

この日の議論によって私の感情も揺さぶられた。大学では、実際は教えるよりも学生（若い人から）から学ぶことのほうが多い。本書でも若い人に向けていろいろ語っているが、決して彼らを侮っているわけではない。彼らに向けた疑問に対する解決は、彼らからいただくのである。

コミュニティーに役立つ自分を目指す

欧米のように個人主義的に、自己を明確にして、自己分析、自己決定を求めてもうまくいかない。欧米ではキリストなどの神がいて一人ひとりとつながっている。

宗教哲学者の山折哲雄氏は、「個人はそれぞれ絶対的な存在（神）によって垂直的にコントロールされている。そして他方、水平的には債権、債務にもとづく契約の関係を通して他者との共存を可能にしている」と喝破されている。個人主義がエゴイズムに陥らないようにキリスト教の倫理観によって支えられているというのだ。彼らの強い自己主張の背景には、そういう関係がある。

しかし我々が個人主義でやっていこうとしても、強い自我を持ち得ない。どうしても身の回りの集団やその構成員のことを気にかけてしまうので、結果として不安定さを抱え込まざるを得ない。個人主義な人間関係を築きながら、同時に感情面での一体感を持つという2点を若いうちに両立させることは難しい。どうしても一定の修練する時間、経験が必要であると思われる。

この両立を意識しないで個人主義に突き進むと、会社や家庭などのコミュニティーの中で多くの問題を抱えることになる。先ほどの「新型うつ」が増加している理由の1つは、業務との不適応に加えて、この両立を急ぎすぎて自分ひとりで自立しなければならないという心情が後押ししているのではないだろうか。

すぐに自立を目指すべきではないという見解には、賛意を示さない若い社員も多いかもしれない。しかし人はそもそも仲間を求めてしまう存在なのだから仕方がない。

東日本大震災後に、日本にやってきたブータン国王の言動や所作に多くの人が感動を禁じ得なかった1つの理由は、やはり人と人は一緒に暮らすしかないのだとあらためて思い知らされたからではないか。沖縄のアーティストの音楽が心に響くのは、沖縄は国内で唯一高度成長を経験していない地域なので、共同体のリズムを奏でることができるからだというのはこじつけだろうか。

ただコミュニティーに役立つ自分を目指すといっても大げさに考えすぎないほうがいい。先ほどの土光敏夫氏の言葉をもう一度思い出してほしい。

「相手の立場にもなって物を考える」「約束をきちんと守る」「いうことと行なうことを一致させる」「結果をこまめに連絡する」「相手のミスを積極的にカバーする」。それほど難しいことではないはずだ。

大きな組織で働いている会社員の中には、自分が誰のために働いているのかを考えないで仕事をしている人は少なくない。わずかでも周囲の人に役立つということは、何も役立たないことに比べてはるかに意味があると私は思うのである。

1人では個性を発揮できない

会社に勤めていると、忙しくて時間もなく自由も制約される。その代わり、1人だけでは決して実現できないことが可能になる。それは目を見張るような商品の開発だけではなく、商品のマニュアル1つをとっても、設計者や実際の製造者、または消費者の立場から意見を述べる人たちとの協働によって初めて完成するのである。

自分が関わって作られたマニュアルがある人は、読み返してみてほしい。多くの立場の人が関わって初めてその冊子ができあがっていることにあらためて気づくだろう。傍目八目というか、他人の仕事を傍で見ていると、実際に自分がやっている時よりも、ものごとの是非やメリットが当事者以上にわかって勉強になることも多い。

上司や同僚によって自由が制約されると感じる時には、彼らなんてこの世からいなくなればいいと思う。一方、全員の力で目標を達成できた時や、転勤で一緒に働いた仲間と別れる時には、ともに働くことができてよかったと感じる。人はやはり矛盾を抱える存在なのだ。そして「仲間がいてよかった」と思える組織は間違いなく社員の満足度も高い。

私自身も仕事仲間の大切さに関して大きな勘違いをした経験がある。あとにも若干述べるが、私は40代後半に突然休職したことがある。その時に思い知らされたのは、1人では何もできないということだった。

急に休職に入ると、出かけるところは書店か図書館くらいしかなかった。もちろん平日の昼間に学生時代の友人に会うことはできない。

会社や仕事の制約からは離れたが、自分で何かやろうとしても何もできない状態に陥った。個性の発揮や、主体的に活動するということは、周囲に仲間や他人がいるから成立することであって1人では何もできないということを思い知らされたのだ。

自由とは好きなことをすることではなく、なすべきことができることであることに気がついた。自分の個性は他人がいて存在するものであり1人では発揮できないのである。

評価制度が変わっても、協調性が一番のポイント？

昨今は、多くの会社で管理職のポストが限られてきて、新卒の半分以上が管理職になれない時代が到来している。中途採用や外国人採用が広がって、人材の多様化も進んできた。かつてのような学歴や入社年次などの属性をもとにした一律評価・群団管理が、機能しなくなりつつある。

最近、人事担当者のセミナーに講師として招待いただいて、その後の議論にも参加させてもらったことがある。

目標管理制度と人事評価の位置づけに工夫を加えたり、実績要素と能力要素をどのように評価に反映させるかを真剣に議論するなど、人事担当者は頭を悩ませている。職種・役職を評価づけする職務主義や行動の特徴に焦点を当てるコンピテンシー評価を導入するなど、試行錯誤を繰り返している。

しかし人事担当者はともかくとして、一般の社員は、評価制度の変化はあまり意識しすぎないほうがいいだろう。なぜなら組織における本当の評価は、人事考課の積み重ねというよりも、社内の仲間の評判によるところが大きいからだ。

一緒に仕事をするチーム内で評判が悪い人は、結果として評価を得られない。チームでの仕事を軽んじたり、評価に結びつかない仕事や役割を嫌がる姿勢があれば、たとえ個人の能力が高く、実績を挙げていても相応には評価されないのである。

各種のアプリを開発して成長しているＩＴ企業の社長でさえ、求める社員像を聞かれた時に「チームで仕事を進めることに貢献できる協調性のある人」と発言していた。その人がいることで、チーム全体が活性化されるかどうかがポイントになるというのである。日本の企業ではチームで仕事を進めることが中心であり、かつ創造的でパーソナルな仕事はそれほど多くない。

管理職としても、上司と部下との間の橋渡しがうまくできる、上司の思いを察して円滑な組織の運営に結びつける、気持ちのいい雰囲気でマネジメントができる人などが評価される。『人事部は見ている。』を執筆する際に、数多くの人事担当者に取材したが、その時に彼らが評価する社員の条件として挙げていたのは、一緒に気持ちよく仕事ができる人であり、組織のパフォーマンスが上がる環境づくりができる人だった。誰とでもオープンに意思疎通ができる、あるいは皆がスムーズに仕事を進めることができるよう縁の下の力持ちになれる人なのである。

いくら企業のグローバル化が進んでも、この点は大きくは変わらないだろう。以前、外資系製薬会社の日本法人の人事本部長に、ご自身の昇進理由を尋ねたところ、「欧州にいる経営陣と腹を割って話せる仲だったから」と話してくれた。評価において互いの感情が関係してくるのは、形は違っても万国共通だと思える。

個人の業績やスキルを重視しすぎる嫌いのある人は、周囲との人間関係にも目を向けるべきである。

成長のための「10年ルール」は寿司屋も会社員も同じ

成長という言葉はよく使われるが、社内でそれ自体を議論することは多くはないだろう。神戸大学大学院・経営学研究科の松尾睦教授は、その著書『経験からの学習――プロフェッショナルへの成長プロセス』の中で興味ある議論を展開している。

海外の研究によれば、チェス、テニス、音楽、絵画といった分野で高いレベルの業績を挙げるためには最低10年の準備期間が必要であるという。

松尾教授は自身の研究から、この〝10年ルール〟は、学校を卒業して社会人になってからの10年間にもあてはまると主張される。営業の分野でも、スキルがパフォーマンスに結びつくようになるには10年かかるというわけだ。

「プロフェッショナルを育てたいならば、入社してから10年間は、短期的な成果を追い求めるよりも、濃密な経験を積ませることに重きを置くべきである。そこで得られた知識・スキルは、それ以降の成長の土台となるからである」と述べられている。

長く企業社会にいる私の実感ともほぼ一致する。

私自身を振り返っても、入社して10年を経て3つの部署を経験した時に、はじめて自分が組織に貢献できる方向性を実感できた。

人によっても異なるだろうが、私の周りのビジネスパーソンを見ていると学生から社会人の生活に切り替えるのに3年、そこから自分の役割を自覚して、顧客や一緒に働く仲間に貢献できるようになるまでに、のべ10年かかると見ていい。

先日テレビで、職人になるために修行している数人の若者の姿をルポしていた。画面に登場した大工の棟梁や寿司屋の板長がともに、「ある程度一人前になるには10年」と発言したのを聞いてなるほどと思ったものだ。

また松尾教授は、一口にプロになると言っても、さまざまな成長段階があるという。まず仕事を始めてから3～5年のとりあえず1人で仕事ができる独り立ちの段階、自分でもバリバリ仕事をこなしてグループを引っ張るリーダーとして活躍する中堅の段階、業界全体から一目置かれたり、国際レベルに達するエキスパート、いわゆるプロの段階である。

会社の運営や役職の付与もこれらの成長過程を見据えて運用されている。はじめは平社員として独り立ちの期間を過ごし、係長や課長補佐としてリーダーとして活躍する中堅の時期、30代後半からは管理職やエキスパートとして活躍するプロの段階を期待しているのである。

伝統的な大手企業の課長登用時期が業界にかかわらずほぼ共通しているのは、このようなライフサイクルと無縁ではない。またそういう会社では経営層の早期選抜が叫ばれても実際にはなかなか実現しない。その1つの理由は、多くの社員が無意識のうちに抱いている「同一のライフサイクルをたどる」という前提を崩すのが難しいからだ。

バランス感を欠いた上司の下のほうが、成熟できる？

松尾教授は、今までの研究では、成長を専門的能力の伸びとしてとらえているが、このような一次元の軸で人間の能力を測りきれるのかという点に疑問を呈している。同感である。たしかに組織の中での働き方を見ても、単なるスキルアップだけではなく、人間関係を通じての葛藤や、矛盾を引き受ける覚悟などもはじめの10年間の大切な要素である。専門的能力の伸びだけでは早晩限界がくるだろう。

組織の中で、私が化けたと感じる人材は、必ず人に鍛えられ、他人の目をくぐりぬけている。1人だけでは知識・スキルを得ることはできても成熟には至れない。ドブ板を踏む営業で見違えるようになる人はいるが、1人地道に研究に取り組むだけでは「化ける」まではいかない、というのが実感である

また人が個性を伸ばすには、応援者だけではなく、むしろ壁になって自分の前に立ちはだかる抑制者が必要だというパラドックスがある。頑固でバランス感を欠いた上司の下で働いたほうが鍛えられるケースも多い。上司だった当時は嫌われていたのに、その後にかつての

部下が「あの人のおかげで一人前になれた」と感謝するケースは少なくない。

多くの矛盾に遭遇することも重要だ。その葛藤を抱えながらどのように言動を積み重ねるかが成熟に影響する。

また組織の中では、仕事する仲間がすべて息の合う人たちとは限らない。むしろそうでない場合が多いだろう。しかしそれでも一緒にやっていかなければならない。

営業で優秀だった社員が管理職やマネジャーになった時に、最初にぶち当たる壁は、自分の方針に同意しない部下の営業成績も自分の責任になるということだ。担当者だった時のように自分の行動だけでは前には進めない。たしかに面倒な仕事である。

しかし一方では、この経験をすることで初めて自分の営業の立場を客観視できる。自分のやり方が他の社員にも通用するとは限らないことも知る。これがさらなるステップアップにつながる。だからたとえ適性がなくても組織管理を一度でも経験することは必要だと私は思っている。

ドラッカーも「他人の育成を手がけない限り、自分の能力を向上させることはできない。マネジャーが自分への要求水準を高めるのは、他者の能力を開発しようという努力をとおしてなのである」と述べている。

人間の成熟を考える時に、能力の直線的な成長よりも、不合理なものに対する向き合い方がものをいうのではないか。矛盾をなくそうとするよりも、その矛盾のあり方をよりよく知ろうとする姿勢が、結果として問題解決の近道になる。

ただ組織は、どうしても仕事に時間と労力をつぎ込む姿勢を評価しがちである。たとえその労力が組織にとって悪影響を与える可能性が強いケースですらそうなのである。

本当は何もしないことに注力することがベストの場面であっても、それでは評価されないことが多い。このあたりが会社員の成熟と評価に関するデリケートな点である。

矛盾から逃れられないなら抱えてみる

神戸の歓楽地にある商店街で育った私の周りには、個性のあるおじさんやおばさんが多かった。喫茶店で「車検の時はタイヤに傷さえつけておけば、あとでうまくごねれば車検代はタダになるのや」などと詐欺まがいのことばかり言っているおじさんがいた。しかし彼は、事情で親がいなかった近所の姉弟にすごく肩入れして、金銭的にも支援していると母親から聞いていた。

「あのおじさんは、いい人か悪い人かわからんなあ」とつぶやいたことを思い出す。でも彼が周りから人気があったことは子供心に感じていた。

私たちにはプライドを持った自分もいれば、姑息な自分もいる、自らの思慮深さを自分で誉めてやりたい時があれば、慎みのない自分に嫌気がさすこともある。人を十分に受容できる時もあれば、自己中心にしかものごとをとらえられない自分もいる。これらの矛盾を併せ持ちながら、かつそれらの間を振り子のように行き来しながら日々暮らし、働いている。

人間は本来そういう矛盾から逃れられないのだから、自分がそれをどのように抱えていくかをもとに行動していくことが大切ではないだろうか。

そういう意味では、「日常からきちんとしろよ」と言う親が、だらしない格好でごろごろしていたり、「人に迷惑をかけてはいけない」と言う先生が、生徒たちが当惑するような言動を繰り返すほうが健全なのかもしれない。

仕事の中で、仲間や顧客との関係に一喜一憂しながら日々を過ごす。一方でその仕事の意味合いを、距離を置いて見つめ直し、他人にも客観的に語ることができる。そのようにして毎日の仕事を楽しく活き活きとこなす人が、いい意味で矛盾を抱えた人だと言えるだろう。もちろん高校生だった私たちに、形容できない影響を与えてくれた井深氏もそうであったに違いない。

ワークライフ・バランスってそんなにいいの？

元国連事務次長の明石康氏が、日経新聞のインタビュー記事で、仕事と生活の調和について語っていた。

欧米ではワークライフ・バランスが実現されていると吹聴されているが、それも疑問だと述べた上で、「ワークライフ・バランス論者から、仕事に比重を置いた人生がまるで悪であるかのような批判を聞くことがある」と述べて、仕事は苦しみでオフタイムの生活が楽しみだとする見方は一面的であるとしている。共感しながら記事を読んでいた。

ワークライフ・バランスの議論が、働き方を見直そうという動きにつながることは賛成である。しかし仕事や生活を時間や労力で量的にバランスをとることを中心にしてはいけない。

定年を見据えた人を対象に行われるライフプランセミナーを受講すると、その内容はほぼ決まっている。高齢者の再就職状況、財産管理、健康管理、家族との付き合い（特に配偶者との）、定年後の生きがいなどを調和よく保つ生活が大事であるとされる。しかしこのような要素をバランスよく取り込むことで、長い定年後を活き活きと暮らせるものだろうか。悠々自適とはそのようなものなのか。

もちろん各人の人生は人それぞれであり、その生き方に口を挟むつもりは毛頭ない。しかし私の取材に協力いただいた転身者を見ていると、調和をとるのではなく、むしろ意味があると思うことに時間と労力を集中している。

それによってうず潮が周囲のものを巻き込んでいくように、過去の会社での仕事やキャリアをリニューアルして、人的ネットワークも再活性させている。むしろ一点集中突破型である。

またこの議論に時間軸を取り込むことも必要だろう。年齢を経るにつれて会社員生活の景色も変わってくるからだ。

組織の中における成長も、独り立ちの期間、中堅の時期、プロの段階などがあると紹介したが、もう少し長いスパンで見ると、会社員生活にもいろいろなステージがある。

若い時は仕事中心で過ごし、中年になって自分の好きなことへ思い切って舵を切るのもいいだろう。収入を重視する時期、仕事で成長できる実感を中心にする期間、家族と一緒に過ごすことを最優先にする場面があってもいい。

人生のライフサイクルに応じて大切なものは異なり、また周囲の状況も変化する。いくつかの役割や変化を体験すること自体も貴重である。

働く意味を検討するには、このようなライフサイクルに応じた対応が、社員の働き方の中にも、会社のマネジメントにも、さらに求められるべきである。

仕事と生活について言えば、両者を区分するのではなく、相互の良循環をどのようにして生み出すかがポイントである。ワークライフ・バランスというよりも、ワークライフ・インテグレイト（統合）と言うべきであろう。

会社人間になってみよう

先ほどの10年ルールも勘案すると、会社で働くビジネスパーソンは、入社して10年あまりは会社での仕事に没頭することをお勧めしたい。

時代と逆行するように聞こえるかもしれないが、若いうちは猛烈な会社人間であっていい。もちろん会社にしがみつくという意味ではない。自己の成長の土台づくりのために仕事とどっぷり格闘するのだ。

転身者の誰もが、若い時期に会社組織と格闘した経験がある。一度どっぷりとつからなければ会社との距離を測れない。

たとえば、ある金融機関の営業だったAさんは、毎日数多くの中小企業を回る中で、成長途上の中小企業は財務担当がいなくて困っていることに気づき、自ら財務コンサルタントになるという道を思いつく。40歳を目前に独立したあとは、組織での仕事の経験が活きて、すぐに数社のクライアントを獲得できた。

あるビジネス誌からのインタビューで「ビジネススクールや社外勉強会など会社の外に活路を求める会社員が増えていますが、どうでしょう」と聞かれた。もちろん会社外に自己の成長の土台づくりを託すことも可能だろう。しかし多くの時間・労力を費やして、現実的なスキルを身につけるという意味では、会社の仕事に勝るものはないのではないか。

元中日ドラゴンズの落合博満監督は、著書に「自分の目標を達成したり、充実した生活を送るためには、必ず一兎だけを追い続けなければならないタイミングがある」と書いている。

はじめは、自分に与えられた仕事をこなすことだけで精一杯だろう。それをこなしながら、周囲の認知を徐々に得ていく。しかしそれだけではある地点までしか行けない。

さらに必要なのは、上司や先輩からの理不尽な要求をこなし、組織や人間関係の矛盾を抱えながら、軸足を自分から他者へと移すことだ。その中で仕事仲間や顧客などに貢献できる自分を目指すのである。

まずは会社の内部で使用されている論理や考え方をわきまえなければ、まともな議論もできず、リーダーシップもとれない。入社後10年間は、私生活を多少犠牲にしたとしても、がむしゃらに働くことに、それだけの価値はあると思う。人生の持ち時間はその後もいっぱいあるからだ。

20代でハードに仕事をこなさないと、30代で永久に取り返せない差がつくメカニズムが存在していると語る実業家もいる。

入社後、10年あまりは、あえて会社人間になってみるのがいいのではないか。

第　3　章

こうして会社人生への疑問は生まれる

半数以上は、課長になれない

私が過ごした時代は、年功によって社内の階段を上ることができた。

しかし、これからは違う。会社は、バブル時の大量採用層が中心となる40代、団塊ジュニア世代の30代を抱える一方で、成長の鈍化によって生じた組織のフラット化やスリム化が推し進められ、ポスト削減や管理職候補の絞り込みが行われている。

数年の遅れはあってもほとんどの社員が管理職に就けた期間は過ぎ去り、むしろ昇格する社員が少数派になる時代がやってきた。かつてライン管理職のポストが不足した時には、会社側は、専門職制度を採用して、ライン管理職に就かなくても給与水準は確保されるようにした。しかし昨今の状況ではそれも期待できない。

ライン管理職へのキャリアアップ以外の道筋、選択肢がない以上、30代、40代の社員は、減少する管理職のポストに列をなして並ぶしかない。

この課題は管理職の登用を控える社員だけでなく、すでに管理職として働いている社員も例外ではない。役職定年制などによって、給与の減少や役職を手放すことも覚悟しなければならないからだ。

先日も51歳でライン職を外れることになった元部長から話を聞いた。異動内示は予期しないものであったため、内示の翌日から1週間くらいはよく眠れなかったそうだ。ただ彼が言うには、一番のショックは前職の7割になった年収よりも、権限や役割を失ったことだという。部門間の連携、役員との意見調整、部下の人事考課や管理など、それまでは面倒でうっとうしい仕事だと思っていたものが、いざ失うと何とも言えず寂しいものだというのである。今は時間ができたことをチャンスとして、家族との時間も大切にするつもりだと語ってくれた。

若手社員の集まりで話を聞いた時に、一緒に仕事をしたくない人のトップは、やる気のない年配の社員であるという。組織内での自分の存在感を保つために、いつも過去の話を持ちだし、常に批判的な立場でものを言う評論家タイプの先輩だというのだ。定年前の社員は特にひどいらしい。仕事ぶりもぞんざいであることが多いという。彼らの上司に当たる課長も、自分より年長の社員には強くは言えないために、仕事を進めるにも支障があると若手社員たちは語っていた。

批判を受ける年配社員も好きでそういう態度をとるのではないだろう。会社と自分との間にできた溝を埋めきれないことで否定的な態度になっていることもあるのだ。

振り返ってみれば、同じ会社に勤めていても年代によって会社の風景は大きく変わる。学生時代からの移行時期の新入社員時代、初めて部下を持った30代、働く意味に悩み、家族の重荷も感じる40代、定年後の生活に思いをはせる50代などである。

1つのスタンスだけで長い勤め人生活を送ることはもはや無理である。

「もう一度就活するなら、どの会社を目指す?」

かつて娘の就職活動をルポしてWEB雑誌に連載していた時に、同年代の同僚に「もう一度就活するなら、どういう会社を目指す?」と聞き回ったことがある。就活している大学3年生の娘に質問を受けたから、と話してヒアリングしたのである。彼らの多くは、「それは戸惑う質問だなあ」と私に軽い同情を含みながら、真剣に答えてくれた。

いただいた回答を挙げると、

「6回も転勤したので、次は地元に腰を落ち着けて働ける会社だな。今だったら地方公務員

の試験も受けるよ」（48歳）
「金融関係は、やはり忙しい。半官半民の会社とか、協同組合、財団など自分の時間が持てそうな団体を最優先にしたい。給与は多少安くてもかまわない」（56歳）
「規制産業は制約が多い。個人の力が十分発揮できる会社がいいね。今だとベンチャー系か外資かな」（47歳）
「やはり今の会社かな。安定していて居心地も悪くない」（52歳）
「1つの会社に長くいると飽きるからね。いくつかの会社を経験したいね」（50歳）
中には、こういう反応もあった。
「もう勤め人はいやですね。自分で何も決めることができないから。とにかく今は、在職中に死なないことを願っている（笑）」（44歳）
「柔道部の先輩に誘われてこの会社に来たので、次も先輩の誘いで決まるだろう」（52歳）
勤務中の発言とは異なり、一人ひとりの答える内容、ニュアンスにはバラツキがあった。その人なりのキャリアの軌跡を垣間見ることができるので面白かった。確固たる自信をもって発言する人は少なくて、多くの人が一旦深く考えてから話してくれた。

この質問を繰り返す中で気がついたのは、1つの会社に長く在籍した人は、これからこういう仕事をやりたいという意欲が感じられなかったことだ。

入社後の自分の成長や職場環境、家庭生活の変化などに伴って生じる自分と会社との間の距離を埋めきれないのだろう。

この背景には、独立や転職したり、組織の中でいきなり働き方を変えると、社会的評価が落ちる、経済的な不安がつきまとうなどの不利益を被るという考え方がある。在職中には死にたくないと発言した同僚も毎日出勤している。所属する組織や自らの働き方を自由自在に変えることは難しい。会社員がキャリアを考える場合にはやっかいな課題だ。

人事部は社員のキャリアまではケアできない

自分の将来の見通しが不透明になっても、会社や人事部に何かしてもらおうと期待をかけないほうがいい。年配のサラリーマンの思いや口ぶりに「俺はこれだけ頑張ったんだから（会社も面倒を見てくれよ）」という発言をする社員も見られるが、見返りは期待できない。

そもそも会社や人事部は社員一人ひとりのキャリアをきめ細かくケアできるだけの余裕も

なく、もとからそうするつもりもないのである。

どの人事担当者に聞いても、人事部がそれぞれの社員のキャリア形成に関してできることは限られているという。もちろん社員の個性や向き不向きの把握は重要であり、そうするように努力はしている。

しかし経営からの要請や、円滑な組織運営という至上課題があるので、人事部が個人のキャリアに主たる焦点を置くことはできない。フリーハンドも持っていない。特別な社員を除いては個人の成長欲求までは会社側は感知できないのである。

また自分の5年後、10年後の姿を真剣に議論できる上司はほとんどいないだろう。会社員生活がもともと自分でキャリアを決められない他律的な構造になっているからである。「システム」の維持、発展が優先されるので、そこで働く社員が満たされない思いに悩んだり、自己のかけがえのなさが実感しにくくなっても、会社は手を差し伸べられない。

人事部は、各社員の身上面、たとえば親の病気や家族の問題などについてもきめ細かく情報を収集する。各社員が仕事に取り組む際の制約を事前に聞いて、異動を組む時などの参考情報にしている。これはこれで非常に重要なことではあるが、あくまで組織の円滑な機能発揮が目的なのである。個人のキャリアを尊重しているわけではない。

自分が希望する職種や職務を人事部に売り込み、部署や仕事を変わることができる社内FA制度もやはり同様である。

社員個人のキャリアに直接関係するものと言えば、前述したライフプラン研修くらいであろう。しかし一部の企業を除けば、定年直前に実施されることが多く、会社での働き方の変更などは視野には入っていない。

社団法人で長くライフプラン研修を担当してきた講師は、本来は40歳前後から研修を行わなければ効果を期待できないと発言していた。しかし働き盛りである40歳の社員に自己のキャリアに関する研修を本気で実施している会社は稀だそうである。今後はそういう動きも生じてくるだろう。

最近、国家戦略会議（議長・野田佳彦首相）の分科会が「フロンティア構想」の報告書をまとめた。その中で、40歳定年について言及している。報告書は、60歳定年制が企業内に人材を固定化させ、産業の新陳代謝を阻害していると指摘する。もちろん退職者への所得保障などを前提にした議論である。

給与や年金の課題を別にすれば、40歳定年は自然の流れである。40歳前後で働き方を変えたり、起業や転職などにチャレンジする機会を持つことは、会社員のライフサイクルにはフィットしている。

40歳になったら、自分に対する評価は変えられない

こういう状況の中で、心機一転、会社の仕事で再び頑張るという手もあるだろう。その心意気は立派である。人はいつでも立ち位置を変えられるし、変化を呼び込もうとする姿勢は常に保っておきたい。

しかし自分に対する会社からの再評価を期待しても当てが外れることが多いだろう。会社からの人事評価は、運や縁にも支配される。上役との相性も関係する。当然ながら反論があっても変更させることはできない。要は思いのままにはならないのである。

さらに重要なことは、40歳にもなれば社内の一定の評価が固まっていることだ。従業員1000人以上の大企業へのアンケート調査によれば、課長への昇進は、早い人で35歳、標準で40歳前後である。

課長クラスの登用の年次になると、転勤、配置転換などを繰り返した結果として、すでに人事考課も定まってきている。課長職の適齢期の年次以降に、それまでの評価を覆すことは簡単ではない。

もちろん40歳以降になっても急に評価が高まる社員がいないわけではない。大まかに言って、それは2つのケースに分けられる。

1つは、過去に一緒に仕事をした先輩や同期からのヒキである。彼らが社内で役員などになって、自分を引き上げてくれる場合である。もう1つは、自分の上司や評価を得ている先輩が病気や不祥事の責任をとって、突然姿を消すケースである。円滑な組織運営が優先されるので、それまでは評価されていない社員でも昇進・昇格することがある。

しかしご覧の通り、いずれの事例も他人頼みである。自分でコントロールできるわけではない。

繰り返しになるが、自分の社内での立ち位置を変えようと努力することは素晴らしい。ただそれを社内の評価に結びつけることは難しいと私は言っているのである。

そういう意味では、インタビューでお話を聞いたKさんの例は参考になる。

仕事で上司とぶつかったKさんは、不本意な人事にも腐らなかった。1つの組織に依存していてはいけないと思い、10年後に退職すると決意したのである。ゴルフやマージャンを控え、退職後に通用するスキルを身につけるため会計学や語学を学んだ。また意識して人脈を広げ、貯金もしたという。そして50歳を超えて経営コンサルタントに転身した。

私が最も感心したのは、Kさんが時間をかけて状況を変えようとした点である。時の流れを味方につけなければ、自らの変化を手元に呼び寄せられないからである。

いきなりKさんのように何かを始めなくてもいい。虫の好かない上司を少し離れた立場から観察して、一体自分は彼の何が気に食わないのかを検討してみる。上司や部下の無理解を嘆くだけではなく、なぜ彼らと自分の価値観が合わないのか、それに対してどのような対応方法があるのかについて考え続ける努力が必要である。

会社員の仕事とは何か、または働く意味とは何かについて、自分で論文や本を書けるくらいになれば、組織からの評価は気にならなくなるだろう。

このまま組織に身をまかせていていいのだろうか

明治時代に書かれた夏目漱石の「三四郎」では、主人公が「大きな未来を控えている自分からみると、なんだかくだらなく感ぜられる。男はもう四十だろう。これよりさき もう発展しそうにもない」と発言するが、平成の現在では40歳はまだやり直しがきく年齢である。40歳にもなれば、揺らぎはじめる人は少なくない。社内で不遇な会社員生活を過ごした人だけではなく、外から見れば順調に出世の階段を上ってきた社員も例外ではない。むしろそういう働き手のほうが不安定かもしれない。

その根本にあるのは、組織で働く際に避けられない「他律性」である。

いくら時間をかけて知恵を絞り、各部門の担当者と調整して役員会の資料を仕上げても、自分の署名を付して責任を負うことはできない。主体的に取り組もうと思っても、自分の上のほうに知らないルールがあると思っていては力が入らない。

企業に不祥事が生じて、組織の責任者が記者会見などでお詫びをする時にも、3人以上が横に揃って一斉に頭を下げる。一人ひとりの個人が自ら謝罪をしているのではない。

視点を変えれば、会社のシステムや提供されたルールに従って行動することは、それほど難しくはない。慣れた世界のやり方なので楽なことが多い。会社の内と外との間に線を引き、社内に安住もできる。たとえ失敗しても言い訳を用意することも可能だ。

しかし半面、自分の発揮できる能力の範囲が組織の役割に限定されるので、満たされない思いから逃れることは難しい。

特に40歳あたりを超えて、親の死などに直面すると、組織に身をまかせながら毎日を過ごしていていいのだろうかと疑問を抱きはじめるのである。

40歳を超えると仕事にも「飽き」てくる

中高年になって組織から転身（キャリアチェンジ）した人たちの話を聞いていて気がつくのは、早い人で30代後半、普通は40歳くらいから「このままでいいのだろうか？」と揺れはじめる人が多いことだ。

「今やっていることが、誰の役に立っているのか」

「成長している実感が得られない」

「このまま時間が流れていっていいのだろうか?」

この3つは、私がインタビューした200人近い転身者の発言を最大公約数としてまとめたものだ。組織で働く意味に悩むこの状態を私は「こころの定年」と名付けてみた。

ライフサイクル的に言えば、人生を終えるのが「人生の定年」とすれば、就業規則上の定年が60歳前後にある。それよりも前に組織で働くことの意味に悩む「こころの定年」状態があると考えてみればいいだろう。この「こころの定年」は、これからの老いや死を見つめるきっかけでもある。

組織の中で一定の役割を獲得するには、どうしても会社中心の働き方になる。入社してから10年なり、15年なりの期間は、組織の中で自分を作り上げる取り組みに終始せざるを得ない。

しかし40歳を過ぎるあたりから、仕事中心の働き方の一面性に疑問を感じはじめる人が出てくる。その背景には、昇進や専門性の向上に力を入れて一定のポジションを確保しても、それまでと同じやり方では人生80年を乗り切れないと多くの会社員が感じるからだ。

若い時には、収入を増やそう、技能を高めよう、家も建てよう、役職も上がっていこうというように成長していく気分が強いが、そのままの心理状態が続かないことは、なんとなくわかっている。

そして生活が安定して、家を取得したりすると、気持ちがふと心のほうに向かう。そうすると、「このまま時間を過ごしていっていいのだろうか」などと思ったりするのだ。今まで自分を支えてきたものが、今度は重荷になってくる。

加えて現実的には、「飽きる」ということもある。

私も若い頃は、社内にも「将来はこういう人になりたい」と思えた人が何人かいた。「学歴には恵まれなくても、部下の信頼が厚く、営業一筋で常に実績を挙げていた上司」「役員会に出席する時も、部下の私たちと話す時もまったく同じ姿勢で接してくれた企画部長」「何回提出しても上司にＯＫをもらえなかった役員のステートメント原稿で、会議が終了したあとに、『あそこの部分は、お前の表現のほうがよかったな』とフォローしてくれた上司」などだ。

しかしいつ頃からだろうか、社内にそういう人がほとんど見あたらなくなった。やはり仕事に飽きてきたことも関係しているのだろう。

「もうこの会社で面白いことはなくなった。自ら社外勉強会なども主宰したが、強い行き詰まり感は解消されなかった」と語る転身者もいた。

多くの転身者の話を聞き、私自身のことも考えると、人生の本論が本当に始まるのは中年ぐらいからである。スポーツ選手や歌手は若くして表舞台に登場する。「年下が活躍する時代だ。それに引き換え自分は……」などと寂しく思う必要はまったくない。転職については、35歳が上限としているケースが多い。しかしこれは受け入れる会社の都合によるもので、人生のピークはそれ以降にやってくると思って間違いない。

ただ残念ながら日本の企業社会では、せっかく蓄積した高い能力を、会社内では活かしきれない構造になっているのも事実である。会社に所属していない同年代に比べると、50代の社員は驚くほど老成している。それを打破する意味でも中年からが本当の勝負なのである。

会社員である自分と個人としての自分の矛盾

この「こころの定年」には、企業のシステムが合理性、効率性中心で運営されることとも関係している。大仰な議論を展開するつもりはないが、企業は社員を労働力としてとらえ、市場取引に見合うもの、企業価値を引き上げるものを中心に経営せざるを得ない。社会一般に有益と思われるものであっても、市場取引の対象にならないものは、無視され放置されがちである。

経理の仕事を例にすれば、会計処理をする際に帳簿へ記帳する金額は領収書の金額と同じでなければならない。当たり前だ。でも考えてみると、100万円の物品も、他の業者から買えば99万円だったかもしれない。もう少しあとで買えば、同じ業者でも98万円で購入できただろう。

このように異なる仮定を置き、時間をずらせば、購入金額の可能性は際限なく広がる。しかし企業内では、こうした「仮定」や「時間」をすべて排除して、実際に支払った金額だけが唯一の「正解」になる。

そこでは誰もが同じ現実を共有しており、時間や空間も均一のものとしてとらえられている。その結果、他人との比較、違いでしか自分の位置づけを確認できないことになりがちだ。また業務の一部分のみを担当するので仕事の全体感も得にくい。

40歳あたりになると、組織内での自分の評価もほぼ固まり、一部の人を除いて、社内での明るい展望も描きにくくなる。全人格的に生きている実感が薄れ、自分自身のかけがえのなさや一緒に仕事をする社員とのつながりを感じにくい状況が生まれる。

これは組織にからむ事実や時間だけを切りとって、そこでの最適な解答を求めているからだ。小説「藪の中」を読むまでもなく、誰にでも、どんな時にも同じ現実しかないというのは、やはりおかしい。

また会社員の立場と生活者としての個々の社員の立場とは、必ずしも合致しない。会社がグローバルな競争にさらされていても、そこで働く社員の生活までもがグローバルでなければならないなんてことはない。社内では効率性を追求する立場をとっていても、大震災の被災地で泥にまみれて瓦礫と格闘することに意義を感じる人は少なくない。

しかし企業のシステムと自分の個人生活とは別だと頭ではわかっていても、会社員が仕事をしながら、いきなり自分のやりたいことを実現させるには、時間的にも労力的にも限界がある。それにまだまだ若いと思っていても、40歳にもなると体力面の衰えも感じはじめる。

これも無視できない。

これらの自己矛盾はすぐに解消できない。しかし正面からその葛藤を抱えて、自己に向き合い、時間の経過を味方につければ、次のステップを踏み出すことが可能なのである。

役職や収入だけでは越えられない山がある

2012年5月に「70歳現役社会めざす就職支援窓口、高齢者が殺到」という読売新聞の見出しが目に飛び込んできた。福岡県が開設した高齢者向けの就職支援窓口への相談が予想よりも上回り、県は職員を追加派遣するなど対応に追われているそうだ。

「年金だけでは生活できない」「社会とつながりを持ち続けたい」と高齢者の相談理由はさまざまだが、旺盛な就業意欲に対して、受け皿はまだ不十分で専門家は高齢者雇用を促すための公的支援の必要性を指摘していると書かれていた。

特に会社の仕事中心で定年まで働き続けると、社会とのつながりの面で課題を持つ人が少なくないのだろう。私が取材した転身者が、「定年退職した会社員は、組織とのつながりをいきなり断ってはいけない。1週間に1日でもいいから、拘束されて働く日があったほうがいい」と語っていた意味が最近になってわかるようになってきた。

日本人の平均寿命の伸びがあまりにも急激だったので、会社員の意識や仕事の仕方、生活がそれに追いついていないのだろう。人生50年の時代は、1つの山を越えるだけでよかったが、現在は、複数の山があり、中年は人生の折り返し地点に過ぎないのだろう。仕事生活から、成熟した人生への切り替えが求められている。別の言い方をすれば、延ばしてきた寿命の中身を充実させる段階にあるわけだ。

当然ながら役職や収入だけでは、人生80年の山を乗り越えられない。本当の勝負はまさに中年期以降に持ち越されていると言えそうだ。

第1章で学生から社会人への切り替えは大人への通過儀礼だと書いたが、人生の後半にも老いや死に対する通過儀礼が存在する。それはまさに「こころの定年」をどう乗り切るかという課題と密接につながっている。

私が40代の後半に、いきなり仕事を投げ出した理由

実はそういう私も40代後半に仕事を投げ出した経験がある。役職も相応にあり、収入にも恵まれていたので、周囲はなぜだろうと相当に驚いたようだ。神戸出身の私は40歳の時に阪神・淡路大震災に遭遇した頃から大きく揺れはじめた。

会社での役職が上がっても、このままの一本道では、何か人生の大きな可能性を失ってしまうのではないか、死ぬ時に一体何が残せるのだろうか、という漠然とした危機感だった。会社での昇進は、自我をある程度一面的なものに限定した結果として得たものなので、もっと他に何かあるはずだという心情が悩みにつながっていたのだろう。

しばらくは、アジアへの1人旅やギャンブルで気持ちを紛らわしていた。しかしその後、紆余曲折もあり、また振り返ると自らを不安定にするアクシデントを自分で呼び込んだような気もする。仕事を投げたといっても、半分は出勤できなくなったというのが正直なところである。病院に行くと、うつ状態という診断書が出た。

「会社の中で今やっていることが、誰の役に立っているのかわからない、仕事を通して成長している実感が得られない、40代も半ばになるのにこのまま時間が流れていっていいのだろうか？」など、まさに「こころの定年」状態だった。

会社を休職して、どうにもこうにもしようがなくなった時に、私の記憶に蘇ってきたのは、子どもの頃に過ごした懐かしい地域、コミュニティーだった。

騒がしいまでのにぎわいのあった庶民の街で、人間の素《す》を出しながら生きてきた地元のおっちゃん、おばさん、友だちとその家族の姿が蘇ったのである。映画「三丁目の夕日」を懐かしむのと同様な気持ちもあったのだろう。

同時に15歳の自分に出会ったことも大きかった。表面的な仕事や序列競争の無意味さを自覚しはじめていたものの、そこから逃れるには47歳の私ひとりでは無理だったのである。

休職時には、「仕事の厳しさから逃げているのではないか」「なぜ、こうなってしまったのか、打てる手立てはなかったのか」「会社の同僚からは、どう思われているか」など、後悔と先を案じる気持ちの悪循環に苛《さいな》まれたが、15歳の自分に出会うことで助けられたのである。

「会社を辞めるか、残るか」の二者択一では袋小路

私たちが、組織での他律的な生き方に限界を感じると、会社に残るか、辞めるかの二者択一論に還元してしまいがちである。私も休職時だけでなくその後も幾度となく、辞めるか続けるかを自問していた。

多くの人はリスクを回避する立場から、現状追認（会社に残る）の姿勢になってしまうのが普通だ。それとは逆に、迷った局面でスパッと白黒をつけて次のステップに向かう人たち

もいる。私は両者ともうまいやり方ではないと思っている。まず二者択一に帰着しているのは追い込まれている状態なのだ。今までの選択のプロセスを重ねてきた結果、行き詰まったのである。少なくとも私自身はそうだった。

毎日会社に行き、仕事をそつなくこなし、外から見れば何の問題もなかったのかもしれないが、心の中では割り切れないものをそのまま放置していたのだ。だから40代後半に、自分自身から二者択一という選択肢を突きつけられたのである。

島耕作シリーズで著名な漫画家の弘兼憲史氏は、新聞記者の質問に答えて「現実に流され、迂回路に入ったように見えても次の一歩を考え抜いて進めば、そこが自分の道になるんです。壁にぶつかる前に別のルートを選んでいるわけです」と述べている。その場の自分を掘り下げていけば、壁にぶち当たる前に道筋が生まれてくると私は解釈している。

ＡかＢかを選択するという袋小路に自らを追い込むのではなくて、せっかく生まれてきたこの人生をどう生きるのかという根本的な課題に取り組む姿勢が大事ではないだろうか。

会社を辞めるかどうかの課題が先立つ状況は、自己選択ではなくて追い込まれた結果だと考えたほうがいい。行き場を失った末の選択を、内なる欲求と間違えてはいけない。

たしかにAかBかの二者択一は思考を整理しやすい。しかし日本にはじゃんけんがある。じゃんけんは三すくみの構造だ。二者択一は、一度優劣を決めてしまうと、正解はずっと変わらない。だが三すくみは、相手や周囲の選択によって、その都度「正解」が異なるのだ。

それはともかく、問題は会社の中にいれば不自由で、独立すれば自由になれるという思い違いである。私の場合、いきなり休職して1人になった時に、自由なんてないことを思い知らされた。むしろ他者がいるからこそ自由になる余地が生まれるのである。二者択一を推し進めれば、それこそ不自由になるリスクが生じる。逆に活き活きとした働き方を身につけられれば、会社の景色は180度変わってしまう。

第1章では、自立と依存を反対概念にすべきではないと述べた。仕事か家庭か、社内か社外か、退社か残留かと2つに分けてものごとを考えるとたしかにすっきりはする。しかしながら、実際の仕事や生活では、白黒の間の灰色部分が本質であり、そこに人生の意味も味わいもあるのではないだろうか。

ドラッカーも真剣に考えていた「第2の人生」

1つの会社で定年まで同じスタンスで働くのは難しい。おまけに人生80年時代では好むと好まざるとにかかわらず、定年以降の人生二毛作、三毛作を考えて、それを実践することが求められる。

40代、50代での転身という道を選ばない人でも、会社員生活のあとに何をするのか、その準備は必要となる。いわゆる第2の人生だ。この第2の人生を充実させるには、定年の前から準備を始める必要がある。

組織で働く意味に悩む「こころの定年」は中高年だけの課題ではない。朝日新聞ｂｅの連載（「こころの定年」）で毎週転身者を紹介していた時に、思いのほか若い読者から反応があった。若者のほうがそのリスクをより鋭敏に感じとっていたからだろう。

あのドラッカーも、その著作『明日を支配するもの』の中で、第2の人生に言及している。

「30年間組織が存続しているとは言い切れない。そのうえ、ほとんどの人間にとって、同じ仕事を続けるには40年、50年は長すぎる。飽きてくる。面白くなくなる。惰性になる。耐えられなくなる」と述べた上で、「45歳ともなれば、全盛期に達したことを知る。同じ種類のことを20年も続けていれば、仕事はお手のものである。学ぶべきことは残っていない」「30歳の時には心躍る仕事だったものも、50歳ともなれば退屈する」と、時の経過と中年の危機について言及している。102ページに述べた自分と会社との間にある溝が大きくなることを示唆しているのだ。

それでは、どうすればよいのか。

ドラッカーは、この第2の人生の課題は、3つの方法によって解決できるという。

「文字どおり第二の人生を持つこと」

「パラレルキャリア（第二の仕事を持つこと）」

「ソーシャル・アントレプレナー（篤志家）になること」である。

それぞれについて見てみよう。

会社を辞めても仕事は変えないという手がある

「文字どおり第二の人生を持つこと」についてドラッカーは、仕事が変わらない具体例として、大企業の事業部の経理責任者が、病院の経理部長になっていく例を挙げ、職業を変える例として、子どもが大きくなったのを機に企業、官庁、医師から聖職に入る例や、ロースクールに入り、３、４年して地元で小さな法律事務所を開業した女性を紹介している。

私は、会社員から転身した２００人近くに取材をしてきたが、彼らの多くは、このドラッカーのいう第２の人生を持った人に該当することに気がついた。

ドラッカーにならって仕事が変わらない具体例を紹介すると、生命保険会社の研究職の部長から大学教授、病院の勤務医から小児科医院を開業、銀行員から財務コンサルタント、大手新聞社の記者から地元で小さな新聞社を起業などの例がある。

一方、職業を変えた例としては、公務員から大道芸人や耳かき職人に、通信会社社員からちょうちん職人に、鉄鋼会社社員から蕎麦屋を開業、ＮＨＫ記者からプロの落語家などの転身者がいる。

人生の中で複数の立場を経験することは意味がある。しかしすべての人が、独立・起業を実現し、職業を変えることはできないのも現実であろう。ただその場合でも転身者のキャリアを変えるプロセスをたどることは自らの働き方を振り返り、自分を深めるためにはとても役に立つ。転身者のキャリア過程については第4章で詳述することにしたい。

二足のわらじを履くこともできる

「パラレルキャリア（第二の仕事を持つこと）」については、こう述べる。「これはもう一つの世界を持つことである。20年、25年続け、うまくいっている仕事はそのまま続ける。そしてあえてパートタイムになったり、コンサルタント的な契約社員となりながら、もう一つの世界をパラレルキャリアとして持つ」とドラッカーは説明している。

たとえば、教会の運営を引き受ける、ガールスカウトの会長を引き受ける、夫の暴力から逃れてきた女性のための保護施設を助ける、地元の図書館でパートの司書として子どもたちを担当する。地元で教育委員会の委員になるなどの例を挙げる。

今までのキャリアは続けながら、複数の立場を持って走ることである。日本語では、二足のわらじという言葉が近いだろう。転身する前の助走期間として、ここでいうパラレルキャリアを展開する人は少なくない。総合商社で働きながら物書きに、銀行員を務めながらNPO活動も、建設会社に勤めながら社労士の仕事を、メーカーの技術者をやりながら自分で研究課題の実験を繰り返すなどである。私も会社に勤めながら執筆などに取り組んでいるので、このカテゴリーに入るかもしれない。

ドラッカーの指摘する、あえてパートタイマーや契約社員になることは日本ではそれほど簡単ではない。社内ではキャリアアップの道筋は示されていても、キャリアダウンのプロセスは明示されていないからだ。私も執筆という「仕事」には、休職→平社員というハードランディングを経てたどりついた。第5章で紹介するように海運会社との雇用契約を業務委託契約に変更した転身者もいる。元の会社では週に3日仕事をして、その他の日は、資格を持つ社労士や人事コンサルタントの仕事を並行で進めている。

また最近は、若い人の間で、ドラッカーのいうパラレルキャリアを目指す動きもあるようだ。ただ単に2つの仕事を並行して行うだけではなく、その2つが互いに補い合うという相補性を持つことがシナジー効果を高めるのに大切なポイントである。

第2の人生へ踏み切るには助走が必要

「ソーシャル・アントレプレナー（篤志家）になること」について、企業人、医師、コンサルタント、教授として成功した人たちで、仕事は好きだが、もはや心躍るものではなくなるケースがあるとして、放送局の経営者がプロテスタント教会に手を貸す、大企業の法律顧問をしている弁護士が私立学校の設立に奮闘している、などの例をドラッカーは挙げる。

ソーシャル・アントレプレナーは日本では馴染みが薄いが、こういうことに取り組む会社員も今後は生まれてくる可能性があるだろう。

またドラッカーは、こうも言い切っている。

「勿論誰もが、第二の人生を持てるわけではない。そのまま仕事を続けて退屈しきって定年の日を待つ人たちのほうが多い。しかし、模範となるべきは、彼らのような数の少ない方の人たちである。かれらこそ成功者として位置づける人たちである」(『明日を支配するもの』)とまで第二の人生を歩む人を評価しているのである。

私が提唱している「こころの定年」の解決策は、ドラッカーのいう第2の人生に近いだろう。ドラッカーは、この第2の人生を持つためには、1つだけ条件があると主張している。それは本格的に踏み切るはるか以前から助走しなければならないことだという。

次章以降では、この「こころの定年」を乗り越えるためのヒントについて考えていきたい。

第　4　章

会社はサラリーマンの家なのか

自分を変えようと思っても変えられない

第3章では、組織で働くことに悩む状態になった時に、会社に残るか辞めるかの二者択一にするのではなくて、せっかく生まれてきたこの人生をどのように生きるのかという根本的な課題に取り組むべきではないかと書いた。

こういう時の考え方の定番の1つは、「自分を変える」ということだろう。「他人は変えられないので、自分を変えればいい」といった類のことがよく言われる。

しかしながら持って生まれた気質や性格はそうそう変えることはできない。人間は複雑な存在なので、モノのように単純に自分を操作するわけにもいかない。

書店のビジネス書の棚には、リーダーシップやキャリア論、人事マネジメントに関する本が並べられている。しかしリーダーシップをいくら学んでも本人は変われない。諸説あるキャリア論も組織で働く身にはジャストフィットしないことが多い。実際の人事マネジメントが個人のキャリアをケアするには限界があることはすでに第3章で述べた。

また「〇〇すれば、自分は変わることができる」と説く自己啓発本もある。もちろん何かに取り組めば、いろいろなメリットを得られるのだろうが、それでも自分を変えるのは難しい。むしろ変えようにも変えられない部分こそが、大切にすべき自分の核なのである。

私がインタビューした会社員から転身した方々も、自身が変化しているのではない。むしろ自分の立ち位置を変え、フィットできる場所に身を移して新たな自分を発見している。「心機一転、生まれ変わった気持ちで明日からやり直します」という宣言を組織の中で数えきれないほど聞いた。しかしそういう本人が変わった例を私は知らない。

新たな人と出会い、家族との関係を再構築し、働くことの意味合いを深めることによって初めて何かが動きはじめる。しかも時間をかけること、齢を重ねること、ライフサイクルの経過を伴うことが必須である。一瞬にして、芋虫が蝶にはなれない。

「俺の若い時はな」の心象風景

「努力によってものごとは解決する」「頑張ったら報われる」という組織内で培った考え方に縛られている中高年もいる。しかし100点満点を狙うと、過剰な努力を払っているぶんだけ、必要以上に疲れて不機嫌になり、他人にも寛容でなくなってしまう。かつてのアイドルの松本ちえこさんが、「恋人試験」という曲で「65点のひとが好き」と歌ったように、満点はここぞという時に狙えばよい。

自分を深めるというプロセスは、個人で取り組まなければならない。この営みは孤独のうちに進める作業である。社内の仕事のように仲間と一緒にというわけにはいかない。

自己に向き合うことは、相当な労力を要し、時間もかかり孤独感も伴う。そのためこの課題を一旦棚に上げて、評論家的な立場を決め込む人、あるいは上司や会社が悪いという他罰的な発想になっている人は少なくない。

せっかく生まれてきたのに、自らの道を探し出さないのでは、何のための人生かとも思うが、一方ではそれを追求する大変さもあるのだ。

自分を深めるという作業を怠って物語を語ろうとすると、居酒屋で部下や後輩を前にして、「仕事人生という地図にだな……」「俺の若い時はな……」などといった指導という名を借りた自慢話を繰り返すことになってしまう。

会社員には二度の通過儀礼がある

科学者のアインシュタインは、「われわれが直面する重大な問題というものは、その問題を引き起こした時と同じレベルの思考では解決できない」という言葉を残している。

「こころの定年」という課題に対処するにも、今までと同じやり方を繰り返すだけでは通用しない。会社員生活を直線の一本道ととらえていては、この課題にカタをつけられないだろう。

私の30年の会社員生活を振り返ってみると、入社してから組織での仕事を通じて自立していく段階、年齢的に引き直して言うと30代後半から40歳前後までと、組織での仕事に一定の目処がついてから自分のあり方を考える段階とに分けられる。

前者の課題は、組織の中で一緒に働く仲間や顧客に役立つ自分を作り上げることであるのに対し、後者は老いや死も意識して、組織とどのような距離感で付き合っていくのかという難題である。

中年になると、あらためて働き方の転換が求められる。今まで自分の持っていた価値とは違う見方を取り入れる必要があるのだ。もちろん従来の価値にぶら下がったまま暮らすこともできるが、それでは新しい発見はなく、見知らぬ人にも出会えない。

一方で、新しい自分を見出すと、今までマイナスだと思っていたことがプラスに転化する事象が生じる。ここに中高年時の通過儀礼における本当の面白さがある。

転身者の話を聞いていると、順調に次のステップに移行する人は少数派である。

リストラに遭遇（リストラする側の苦しい立場に回る人も含む）、思いもよらない左遷や合併、勤める会社とのトラブル、自身や家族の病気、子どもの不登校や家庭内暴力、親の介護など、会社員生活から見れば挫折や、家庭生活でもマイナスと思えるケースが多い。

ところがここから第2の通過儀礼が始まっている。それは目には見えず、金銭にも換算できるものではないが、間違いなく本人に影響を及ぼす。

この通過儀礼を乗り越えると、周囲の人の生き方も違う目で見ることが可能になり、今までよりも人生が豊かになったと感じる。これまでは嫌いだった上司の違った面を理解できたり、仕事の能力がないと思えた部下が、課の中の雰囲気を和らげる役割を担っていることに気づいたりする。また自然に家族の大切さに思いを致すことになる。ただそこに至るまでには、一定の時間が必要であるし、心構えの切り替えが求められる。

71ページで述べた「新型うつ」は、人生前半戦の自立に関する通過儀礼であるのに対して、中高年のうつは、この第2の通過儀礼から生じているとも言えるだろう。

「(うつ状態から回復するというのは)、元に戻ることではなくて『自分の心構えを切り替えること』『新しい生き方を探すこと』だというのが実感である。逆に言えば、切り換えのないかぎり、本来の治癒はありえないような気がする」と10年ほど前に拙著『ビジネスマン「うつ」からの脱出』(創元社)に書いた。

正直に言うと、当時は自分でも書いた意味がよくわかっていなかったが、最近読み返すと書いたことが少しは腑に落ちてくるから奇妙なものである。

会社を辞めなくても、転身者の話はヒントになる

先に、私は40代後半になって組織で働くことに行き詰まり、仕事を投げ出してしまったことがあると書いた。そして休職期間を経て会社に出社すると、今度は何をすればいいのかわからなくなった。

その半面、支社長や担当部長という職責を担わなくなったので、気分的には楽になり、時間的な余裕もできた。なぜかその頃から会社員から転身して起業や独立した人たちの情報が入ってきた。おそらく自分自身がそれを求めていたのだろう。

今後の自分の生き方に対してヒントになりそうな人をあらゆる手段を使って探し、半生を聞きはじめた。

彼らが、私の目指すべき直接の目標ではないことには早い段階で気がついた。誰もが転身できるわけではないし、独立や起業がすべての会社員にフィットするとは限らないのは当然だ。彼ら転身者は会社員の中では、あくまで少数派なのだ。

ただ私は彼らがうらやましかったのである。その気持ちを探っていくと、転身する際のプロセスに興味があることが自分でわかってきた。私が彼らから大きなエネルギーをもらったのは、彼らの歩んできた道筋を自分に引き直すことができたからである。

「ここまではとてもマネできない」「これだったら私でも十分取り組める」と自らを重ね合わせながら、自分との対話を促すことができた。

転身のプロセスを何回も何回も手繰っていくと、原因と結果を重視した論理的、合理的、客観的な筋道では把握できないところにその本質があると見えてくる。

彼らの話を繰り返し聞くことによって、組織の階段を上る以外にもいろいろな生き方があるのだと心の底から確信できた時に、働く気持ちをリセットすることができた。そして同じ会社に勤めながら元気を回復して、自信も取り戻した。

また転身者の大半が、「こころの定年」状態を経験しており、自己の中に葛藤を抱えていた。それはまさに彼らの多くが私と同様第2の通過儀礼を経験している最中だったからなのだろう。

会社内の仕事を優先する人は顔つきが険しい？

終身雇用という言葉に表される組織と個人の関係は、もはや復活はしないだろう。自分は定年まで働くつもりでも、想定できない事情により転身を迫られるリスクもある。

転身者も、思いもかけぬ出向、自分の病気、会社の破綻、阪神・淡路大震災に遭遇するなど、挫折と思えることや今までの枠組みが揺らぐような体験をきっかけに、次のステップに向かう人が多い。

定年退職者のルポで数多くの著作を残された作家の加藤仁氏が、早期退職したサラリーマンの第2の人生について、やはり挫折的なことをきっかけに次のステップに進むと書かれていたのが印象的だった（『たった一人の再挑戦――早期退職者55人行動ファイル』読売新聞社）。

会社員が抱える課題を単純化すると、仕事に注力するか、家族や自身の生活を大切にするかということになろう。その時に「出世すること」を中心にして、全体の結合を目指す時には、もう片方の自分の生活や家族との関係を排除するようになりがちである。

しかし、「対立」するものを切り捨てた仕事中心のスタイルは、ある意味、平板で変化に乏しい。また脆弱でもろいものになりがちである。もちろん背景には、組織での仕事が（自分の）内発的な動機だけではやれないという他律性の課題が横たわる。

「会社内」の仕事が何よりも優先すると考えている人の中には、険しい顔つきの人が少なくない。彼らは、会社内のシステムに過剰に反応し、それを内面に取り入れて適応しているが、システムの本質は合理性・効率性の部分が大きく、「本来の自分」は何をやりたいのか、どう生きたいのかという問いに対する回答がそこからは得にくいからだ。

会社員人生の後半期の通過儀礼をくぐりぬけるためには、それまでに理解してきた自分とは異なるレベルで自己を知ることが求められる。今まで自分を支えてきた考え方を切り替えるか、または従来の思考法では受け入れられなかったものと向かい合う体験が必要になる。そのためには、回り道が必須である。だから病気や挫折的な体験がきっかけになっている例が多いのである。

コミュニティーと時間概念がポイント

転身者の半生のプロセスから、どのようにして「中年の危機」を乗り切っていくのかを考えていくと、２つのポイントに帰着するように思える。１つは、コミュニティーとしての会社をどうとらえるかであり、もう１つは、「現在」に気をとられすぎている時間概念、時間の経過をどうとらえるのかの課題である。

会社員から転身した人たちは、会社と社員の関係は単なる契約関係ではなくて、会社をコミュニティー（共同体）としてとらえている人が多かった。転身をしたきっかけを見てもそれがよくわかる。

合併やリストラによる社内の人間関係の変化がきっかけになる人が少なくない。またいわゆる左遷や管理職試験に落ちた経験などの話を聞いていると、会社の中での自己の立場を重視している姿が見えてくる。

人事の専門機関が行った企業調査において、人事部員に聞いた「最も大変だったエピソード」ではリストラに関することが圧倒的に多い。人員削減、諸先輩への退職勧奨、転籍勧告、営業所閉鎖時の解雇などを多くの人事部員が挙げていた。

実際にリストラをする立場になったことにより転身する人は多い。長年務めた会社を離れることは、単なる契約関係の解除にとどまらない。これらを見ると、家族や地域とは性格は異なるが、会社も一種のコミュニティーであると考えるのが妥当であろう。

地域や子どもたちとの生活を優先して、地域のＮＰＯの常務理事に転身した人もいる。会社の仕事に飽きたことをきっかけにして、会社から、地域へ所属するコミュニティーを移したのだと感じながら話を聞いた。会社を離れることに逡巡している人の中には、経済的な課題ではなくコミュニティーとしての会社を離脱することに迷っている例が少なくない。

私が休職した時に、小さい頃に過ごした商店街の人々が現れたのも、会社というコミュニティーに代わるものを頭に思い描いたからだろう。

会社に帰属する人、参加する人

組織で働く中で大切なのは、どのようにうまく立ち回るかのノウハウではなく、自分と組織がどのように折り合いをつけるかである。

インタビューを続けていて気になっていたのは、転身者と彼が所属する組織との関係であった。私も30年間同じ会社で働いたビジネスマンなので、常にその点に興味を持ちながら話を聞いていた。

意外なことに、会社や業界は違っても、伝統ある大手企業の会社員だった人の話は違和感なく聞くことができた。彼らと会社との関係に共通の基盤があることに気がついた。メーカー、金融（銀行・生保・損保を含む）、商社、百貨店、電力、電鉄、また公務員や政府系機関の職員でも、ほぼ同じ立場で話を聞けたのである。

なぜかと考えていくと、これらの会社（組織）は、規格的業務や大量生産を前提に組み立てられ、個人の労働力を生産やサービスに変換するシステムが経営の中心になっている。

言い換えれば、組織を運営していけば自ずと利益が上がる（業務が遂行される）構造になっているので、個人の能力や個性よりも会社システムの運営に重きを置いている。そのため会社と社員との関係は似通ってくる。公務員個人と組織（役所）の関係も同様である。

何を製造しているか、どういうサービスを提供しているかよりも、会社組織の持つ経営の構造が、会社と社員との関係を規定しているのである。私もシステムの維持に重点を置く組織で働いてきたので、彼らの立場や気持ちが皮膚感覚として理解できた。

話を聞いたのは、こういう伝統的な会社や公務員から転身した人が中心だったが、この範疇に収まらない人も少なくなかった。

転身者の中には、リクルート社の元社員が多かった。起業、コンサルタントなどで活躍されている個性的な人物に何人か出会ったが、彼らは先ほど述べた伝統的な企業の会社員とは相当違っていた。

伝統的な企業の社員は会社に帰属しているが、お会いした元リクルート社員は、企業に「参加」していたのである。前者の社員は会社から離れる際に、いろいろな物語や葛藤状態が生まれるが、後者の場合は、参加する場所を変えるだけなのでそうではなかった。

また外資系企業の社員やＩＴ企業の社員も、転職する際の壁が低く、そのぶん強い帰属意識を持っていない。どちらかと言えばリクルート社の社員に近かった。彼らが働いていた会社は社員を抱え込むスタイルの経営ではなかったからだろう。

もっと落差があるのは女性の転身者のケースである。話を聞いた人数はそれほど多くないが、彼女たちはそもそも会社に期待をしていないというか、距離を置いて組織を見ている人が多かった。だから伝統的な企業の元男性社員と同様のスタンスで話を聞くと「それほど大げさなことではありません」という反応に何回か出くわした。

またパナソニックやソニーの役職員が創業者の話を始めると、活き活きしてくることにも気づいた。トップが示す理念や目標のもとに、社員が気持ちを結集できる場合には、わざわざ働く意味などを考えなくてもいいからだろう。松下幸之助氏や井深大氏のリーダーシップが彼らの心の中に息づいていると感じたのである。

会社は、所詮は幻想

このように転身者の語る組織と社員との関係は、会社により異なっている。実は同一の会社内でも個人と組織の関係は一律ではない。

私は本店の人事部に在籍したほかにも、専門職の人事課長や子会社で人事担当部長も経験した。その時に感じたのは、転勤があって、将来は社長も目指すことができる（実際の可能性は極めて小さいが）総合職、転勤のない事務職である一般職、さらに中途入社の専門職のそれぞれが描く会社の像は異なるということである。人事面談などを繰り返す中でわかってきた。もちろん子会社の社員が思っている親会社の像はまた違う。

各自が、それぞれの立場や職制、労働条件、または自分の生活との関係で会社を把握している。本社ビルなどがあるから、実体のある唯一の会社が存在していると思いがちであるが、頭の中で自分なりの像を描いているにすぎない。普段は、総合職同士や一般職同士で仕事をしたり昼食をとっていたりするので意識しないだけなのである。つまり会社というのは、それぞれの頭の中で作り上げられた「幻想」なのだ。

もちろん幻想だからといって会社に意味がないということではない。私は会社組織の大切さは身をもって感じている。ここで大切なのは、頭で作り上げたものであるならば、作り変えることができるということだ。自分を変えることは困難だが、自分と会社との関係は変えることができる。

仮に総合職から一般職に職制を変更すれば、かなり景色は変わってくるはずである。私自身も、支社長や担当部長職から平社員に降格になった時には、会社の姿は意外なほど違って見えた。もちろん会社や人事部はそういう個人の「幻想」にまでは立ち入れない。

社内で「会社は、会社は」と何度も言う同僚に、あなたの言っている会社というのは具体的には何を指しているのかと聞くと、彼はうまく説明できなかった。自分が幻想として描いている会社を単に擬人化して話していたのだろう。

社内のコミュニケーションがしっくりいかない背景には、各社員が描いている会社像のズレが原因であることも多い。

私が支店次長をしていた時に、事務職の女性から仕事上の悩みを相談されたことがある。その時に私は、「心配しなくても大丈夫だ。私たちの働いている会社は、所詮は幻想で作り事なんだから」と話した。

彼女は「ありがたいアドバイスですが、上司のあなたからは言われたくない言葉です」とやり込められた。横で2人の会話を聞いていた男性の部下はゲラゲラ笑っていた。

松下幸之助氏は、その著書の中で「こんなつまらん会社がと思われるより、この会社は結構いい会社じゃないかといって働いてくれる人のほうがありがたい」と述べている。

会社がそこで働く社員にとってどういう意味を持つかを彼は常に考えていたのだろう。同時に自分の立場を会社に対する他罰的な文脈で説明してしまう幻想の再生産を経営者として恐れていたのかもしれない。

社員によって構成された「イエ」制度

契約による人間関係というものについて考えてみれば、自分で決めた範囲のことは責任を持ってきちんとやる（自己責任の重視）が、あまり根源的なことまで考えるとキリがなくなるので契約的なものに限定しましょう、ということでもある。

ところが日本人は、長幼の序や人との縁なども組織から完全には切り離せない。また会社との1対1の契約関係を超えて、チームで横断的に協力しながら仕事をしたり、契約に含まれている内容以上に相手のことを慮ったりしている。

多くの社員が一緒に働く仲間のことを重視していて、会社との権利義務を定めた就業規則よりも「職場のルール」を優先させている例は枚挙にいとまがない。

以前に、NHK総合テレビで、「〝中国人ボス〟がやってきた 密着 レナウンの400日」という番組を見た。「東証一部上場のアパレル大手が中国企業の傘下に」というニュースが記憶にある人もいるだろう。買収されたレナウンの日本人社員の奮闘ぶりを描いたものだった。その中で私は2つの場面に違和感を抱いた。

まず、会社の幹部が一斉に揃った会議で意見を滔々と述べたコンサルタントは、オーナー兼会長個人の昔からの友人だった。日本ではここまで露骨にはやらないだろう。またオーナーの娘は、日本人のスタッフが働くオフィスで重要な役職に就いていた。日本だったら、公私混同などの批判が飛び出すかもしれない。会社に、家族生活の基盤のようなものを持ち込んでいる。

東南アジアでは、身内で固められた有力企業の汚職が報じられることもある。会社の仲間より身内を優先する社会になっていて、それを株式会社組織に持ち込んでいるのだろう。欧米の場合は、それら家族のツテに代わるものを市場から調達していると言えそうだ。

商社の人事担当者がイタリア人に、日本の新卒一括採用の説明をしたところ、「まだ働いてもいない学生をなぜ採用するのか。信じられない」という反応が返ってきたという。大学生に対して、企業や大学が働く場所を提供しようとするのは日本の特徴かもしれない。

日本の会社は、単なる契約モデルに従っているのではなく、極端に言えば、他人同士で構成された親族モデルとでも呼ぶべき「家族構造」を反映している（同族企業や親族による企業の私物化もあるが）。

古典落語を聞いていると、そこに登場する旦那や、番頭、手代、丁稚《でっち》などが、今どきの会社員から離れた存在でないことにも気づく。現代の日本の会社も、かつての「イエ」制度を継承している面もある。

年功序列を排し、成果主義を徹底すると……

そう考えてくると会社と個人との関係を契約理論だけで説明するのは難しそうだ。入社とは、会社と労働契約を締結すると同時に、会社というコミュニティーに入会する意味合いを持つ。

私が休職した時のことを考えてみると、最も辛かったのは帰属すべきコミュニティーを失ったことだった。収入の激減や降格よりもインパクトが大きかった。あり余る時間ができても、諸々の束縛から解放されても、1人ぼっちになれば、自己決定も、自己実現も、個性の発揮も何もかも存在しなくなってしまう。

第1章でも述べたように、会社内では、頑張ったぶんは必ずしも自分に戻ってくるわけではない。これはコミュニティーという観点から見れば、ごく当たり前のことだ。家族を見れば、親が稼いだものを家族に分け与える、それが自然なのである。

ある人事担当者の研究会で、成果主義の評価制度を導入した会社の人事担当者が実際の運用例について発表していた。管理者は各社員に差が出ないように評価を中央に集中させる傾向が強く、改定の趣旨が反映されないと説明していた。一時的にあれほど盛り上がった成果主義の議論が急速に力を失ったのは、日本の会社が持つこのコミュニティー性も1つの理由だろう。

もちろん私は、会社は親族のようなコミュニティーであるべきだと主張したいわけではない。私自身は会社に丸抱えになる自分の立場がいやで行き詰まったのだ。

ただ「年功序列を排除せよ」「成果主義を徹底すべきだ」と声高に主張するだけでは解決

の糸口は見つけられない。自分が属している会社の実態は一体どうなっているのかを、まず見極めることが第一歩である。

矛盾や不合理をいきなり取り除こうとするよりも、その矛盾や不合理の背景をきちんと把握することがかえって解決の近道になることが多い。

会社内を契約モデルだけでとらえるのではなくて、親族モデルの意味合いを持っていると考えるほうがリアルにものごとをとらえることができる。今後の仕事への処し方にも好影響をもたらすと信じている。

ソクラテスも知っていた〈会社〉に属する利点

転身者には、リストラを言い渡す立場になって苦悩し、痛手を被った経験を持つ人が多い。一緒に働いてきた仲間と会社との利害調整を、自らが前面に立って行わなければならず、不本意に辞めざるを得ない仲間を目の前にして、自分が引き続き会社に身を置く辛さを感じる。これも会社のコミュニティー性の1つの断面である。

会社というコミュニティーは、家族や地域とは異なる特徴を持つ。定年になれば関係は終了するし、転職すればすぐに別のコミュニティーに属することになる。ある種一時的なものである。さらに前述したように各自の幻想で成り立っている面が強いので、家族や地域に比べると柔軟なとらえ方が可能である。

１９９０年代半ばの山一証券、日本長期信用銀行などの大手企業の破綻は、会社のコミュニティー性に大きな影響を与えた。そういう意味でも、会社は不変のものではない。つまりリストラや経営破綻によって、一気に契約関係の問題が表に出ると、その組織では親族的なモデルが成立しなくなる。

会社員の中には、会社と自分との関係に葛藤を持たない、すなわち「こころの定年」に陥ることのない一定数の人がいる。

たとえば、若い頃に病気で長期休職したりしてコミュニティーとしての会社のありがたさを理解している人が少なくない。さらに会社が、家庭から離れられる気分転換の場になっているという人もいる。私が新入社員の時に、アドバイザーを務めてくれた事務職の女性に、「姑と離れる時間を持てるから会社に来ている」と言われ驚いたことがある。

私が休職から復帰した時に、病気で長期休職した経験のある課長のいる職場は、雰囲気が柔らかいことにも気がついた。

会社本位の働き方から目を転じればいろいろな見え方がある。

もちろんコミュニティーとしての会社は、いいことばかりではない。個人の権利や感情が制約を受けることも覚悟しなければならない。

「(そんな話が進んでいることを)俺は聞いていない」「(役員・上司の誰それは)どう言っている?」「そういう指示だったのですか」「5年目のお前がそれを言うのは早すぎる」など、自分の面子にこだわる役員、腰の座らない上司、言うことを聞いていない部下、奢れる先輩もいる。つまり周りのメンバーの不愉快な言動にも耐えなければならない。

しかし一方で、コミュニティーはリスク軽減の役割を担う。契約関係で求められる自己決定や自己責任では、会社員を取り巻くリスクは排除できない。リスクをヘッジするためには、仲間が必要となる。私が休職した時に感じたように金銭的な厳しさよりも、一緒に歩む人がいないことのほうがリスクは大きい。

つまりコミュニティーに所属すると、喜びや楽しみは互いに分かち合って大きくでき、悲しみや辛さは仲間と分かち合って減じられるという利点がある。

あのソクラテスも言っている。

「大勢の人たちといっしょに暮らして、足るほどのものを安全に所持するほうが、孤立した生活をしながら、危険をおかして国民のものをすべて所有するよりもまさっている」(『ソクラテス言行録1』クセノポン著　京都大学学術出版会)。

残りの給料をもらう回数を考えてはいけない

自分を深めるというポイントで言えば、会社のコミュニティー性に目を向けるとともに、人生の時間軸も考慮に入れることが大切である。会社員は、現在だけを切りとって、そこで最適な解答を求めすぎている。

114ページに書いたように、そもそも組織は合理性・効率性に基づいており、構成員である会社員は、同じ時間、同じ空間を共有していることが前提である。しかしその時間・空間は組織で働くために切りとったものに過ぎないので、過去にも未来にも行き来できない。

私たちが日常よく使う「対前年%増」という基準も、表面上は時間軸でものごとをとらえているように見えるが、目盛りとしての時間を見ているだけで、時の経過は考慮されていない。

合理性と効率性が支配する企業内で、かけがえのない、また代替可能ではない自分を取り戻すには、時間軸の中で自分を見つめ直すことが有効である。自らを振り返ることによって把握できる自分は、他の誰とも比較できない個性的な存在になる。自分を過去とも未来とも切り離した存在として扱ってはいけない。

転身者を見ていると、自らの時間軸を過去にも未来にも広げていることがわかる。たとえば、子どもの頃に憧れたものを再び呼び戻す人である。

また、転身者には将来に目を移し人生の残り時間に何ができるかを問い、もう一度新たな自分を活かしたいと考えている人も多い。50歳を超えて美容師資格に挑戦した人や中年になって四国をめぐりながらうどん店を開業した人もいる。

彼らは過去と現在と未来を行き来している。

過去へのリスペクトと未来への開放的な姿勢が中年時の行き詰まりを打開する。40歳を超えてからが円熟期なのに、自分で自分の限界を勝手に作っている会社員が多いのではないだろうか。定年まであと2年の人は、給料をもらうのは残り24回と信じて疑わない。

組織の枠内から出れば、40歳、50歳は、まだまだ老け込む年齢ではない。過去と現在を往来しながら、人生80年を眺めれば、私たちは合目的的に生きるためだけに生まれてきたのではないことがはっきりする。

プロローグに書いた笑福亭たまさんの「マイセルブス」を思い起こしてほしい。時間軸を通して多くの自分を見つけ、新たな自分と出会うだけで力を得ることができる。私が転身者へのインタビューを続ける中で一気に元気になったのはそういう構造なのだ。過去の自分や未来の自分に数多く出会えたからである。

10年後、60歳になった自分の姿が見えない

転身者のインタビューを始めた頃に不思議だったのは、病気の経験を語る人と阪神・淡路大震災が転機になったという人が多かったことだ、病気や震災の体験によって自分の人生が有限であることをリアルに感じとり、死から逆算して今後の自分の像を描くからだろう。

メーカーの工場長から社労士、人事コンサルタントに転身した人は、大腸がんと診断され、医師から「5年生存率は70％」と言われた。「5年経ったら、10人中3人は死ぬのか」

と病室のベッドの上で、自らの働く意味を問い直した。

上司と折り合いが悪く、自律神経失調症になったが、このままでは、自分はダメになってしまうと大学院に入り直して大学教授の道に進んだ人もいる。病気によって人は一旦立ち止まり、今までの来し方を振り返り、このまま人生を終えてよいのかと自問する。病気は、身体の不調のみならず、新しい道を見つける機能を担っているのではないかと思えるくらいである。

また大震災に遭遇することは、ある意味で死を受け止める出来事である。そのため死ぬことから逆算して今をとらえるようになる。

鉄鋼会社の工場で働いていた会社員は、震災で抜け落ちた工場の天井から夜空を見上げ、「10年後、60歳になった自分の姿がまったく見えない」と自己を見つめ直した。そして早期退職を決意して蕎麦に出会い、修行を重ねて自宅近くに蕎麦店を開業した。

宗教学者の山折哲雄氏は、東日本大震災に言及した新聞のコラムで、「この地震の不可解な正体を見つめているうちに私は、ああ、地震という自然災害には宗教的契機というべき性格がはらまれているのではないかと思うようになった」と述べている。

また『がん六回 人生全快――現役バンカー16年の闘病記』(朝日新聞社)という著書があり、病に負けずに銀行員として重責を担ってきた関原健夫氏は、「40代は自分の意志ではどうにもならない困難に数多くぶつかる。でも逃げずに受け入れて精一杯自分のできることをやれば道が開けることもある」と新聞のインタビューに答えている。

映画「生きる」から何を感じるのか

「この男、忙しい、忙しいと言いながら、じつは、何もしていない。この椅子を守ること以外は」というナレーションで始まる黒澤明監督の映画「生きる」は、志村喬演じる役所の市民課長が机の上に山と積まれた書類に囲まれてハンコをついている場面から始まる。

その後、彼はガンであと半年の命であることを知る。自分は何のために生きてきたのかと自問を続けはじめる。30年間無欠勤だった職場を休み、夜の盛り場をさまよい、キャバレーやダンスホールにも足を踏み入れる。

元部下の若い女性がウサギのおもちゃを動かしてみせて、彼に「工場でこれを作りだしてから日本中の赤ん坊と友だちになったような気がするの。課長さんも何か作ってみたら?」

という。

課長は「遅すぎる……」と答えたあとに、突然「いや、遅くない。あそこ（役所）でもやればできる」とつぶやいて喫茶店から飛び出していく。隣で誕生パーティーをやっていた若者たちのハッピー・バースデーの曲が彼の門出を祝うかのように流れている。

このあと、課長は職場に復帰した。そして頭の固い上司らを相手に粘り強く働きかけ、ついに住民の念願だった公園を完成させる。不衛生な水たまりに住民は困り切っていたのだ。

そして、雪の降る夜にその公園のブランコで「ゴンドラの唄」を歌いながら息をひきとる……。

転身者に取材をしていると、違う人と何回かこの映画の話題が出たことがある。NHKの記者から落語家に転身した林家竹丸氏は、この映画が好きで何回も観たという。公園にあるブランコを見つけると、それに揺られながら「ゴンドラの唄」を口ずさむこともあったらしい。

この市民課長は、自分の人生が有限だと気づくことで、初めて生きる価値、働く意味を見つけ出す。死を意識することは、自分の人生の持ち時間を把握する究極の形である。その意味で、死と向き合うことは、第２の通過儀礼をくぐりぬける重要なポイントなのである。

市民課長の遺影の飾られたお通夜の場面で、同僚の役人たちは、それこそ役人らしいやりとりに終始する。この場面を見た知人の地方公務員は、今もまったく変わらない役人の姿がそこにあると感じたという。

映画の最後の場面で、公園の近くに住む住民たちが感謝の気持ちをもって焼香を上げにやってくる。そして市民課長が亡くなる直前にブランコに乗る彼の姿を見たお巡りさんが、「声をかけようかと思ったのですが、彼があまりに嬉しそうな顔をしていたので」と語った時に、市役所の同僚たちは一様に押し黙ってしまう。

サラリーマンは二度死ぬ

多くの転身者の話から考えると、積み立て型の生き方と逆算型の生き方がありそうだ。若いうちは、社会に適応するために新しい技能を身につけ、家族を養うことを第一義に、人生で得るものを積み上げていく。

一方、40歳を超えた頃からは、死を意識しながら、そこから逆算して人生を考える方向に移行する人が少なくない。年齢的にも30代までは、まだまだ活力に溢れていて、死の実感は得にくいのだろう。

転身者が語る「元気で働ける年齢の上限を75歳とするなら」「残りの人生が30年あるならば」は、いずれも死を意識しながら、逆算して自分の未来を考えている。

多くの文芸作品を創作し、映画や演劇も手がけた寺山修司氏は、「生が終わって死がはじまるのではない。生が終われば死もまた終わってしまうのである」との言葉を残したが、インタビューを続けているとまさに、死は生と一緒に、ともに生きているのだと実感する。逆算型の生き方は、死を取り入れながら生を活き活きさせることにつながる。

同僚の親族の通夜や取引先の葬儀に出席すれば、いつもとは違う空間に接していることを意識する。お世話になった元上司や先輩の訃報に接すれば、仕事の手が一瞬止まる。死という現象は、ビジネス社会が取り込むことができないものである。

だから、逆算型の生き方は、合理性や効率を中心にする企業システムに対して、その突破口になる可能性を秘めている。人生の最終地点から今後の自分の生き方を見つめ直すことこそが、「こころの定年」に対する有効な姿勢になる。

京都大学で日本人の往生感を研究しているカール・ベッカー教授が、功なり名を遂げた人に臨終の前に「自分の誇れるものは何か」をインタビューすると、仕事や会社のことを話す人はいないという。大半が「小学校の頃、掃除当番をきっちりやった」など小さい頃の思い出を語るらしい。

数十年間生きて、そして今死んでいかなければならない厳粛さは、組織での他律的な仕事からは独立している。そして人間の死亡率は１００％である。

この絶対的な死との関連において、自分の立ち位置を確定させるならば、そのアイデンティティはかなり揺るぎないものになる。先ほどの映画「生きる」からもそれを読み取ることができるだろう。林家竹丸氏は、「転身の際には、サラリーマンの自分は死に、落語家の自分が生きた」と語ってくれた。

人生が80年になり、多くの人が、いかに生きるか、いかに死ぬかについて考えざるを得なくなった。これは大変なことである半面、自分の進む道を選択できると思えば、このチャンスを逃さない手はない。

「あなたがいてよかった」と言ってくれ

私が主宰している小さな研究会で、会社員生活の中でどのようにして充実感を得ながら働くかという議論になった。定年になったばかりの先輩は、周りの仲間から「あなたがいてくれてよかった」という言葉をもらえればそれですべてＯＫだと語ってくれた。

その時に思い出したのは、ＮＨＫの旅番組「鶴瓶の家族に乾杯」のある場面である。笑福亭鶴瓶師とさだまさしさんが、東日本大震災で壊滅的な被害を受けた石巻市を訪れた場面を放送していた。寺の境内で鶴瓶師が落語を演じ、さだまさしさんが歌を披露した。

さださんが、リクエストをと呼びかけた時に、被災者の中年男性から「『がんばれ』をやってくれ」と声がかかった。画面を見ながら「なるほど」と私は思った。この歌の曲名は「関白失脚」である。結婚を前にした男性が相手の女性に向けて亭主関白になることを宣言する「関白宣言」のアンサーソングだ。

結婚する際には強気な言葉で関白宣言したものの、中高年になった男性は、妻や子どもには相手にされず、犬のポチしか話し相手がいない。右手に定期券、左手に生ゴミを持って会社に向かう毎日である。そこからその主人公の男性は語りはじめる。人は自分を哀れだと言う。たしかに人生は思い通りにはならないけれど、それでも君たち家族の笑顔を守るために仕事場に行く。君たちの幸せのためなら死んでもいいと誓ったのだと。

そして最後に、「俺が死んだあと　いつの日か　何かちょっと困った時にでも　そっと思い出してくれたなら　きっと俺はとても幸せだよ」とがんばれのリフレインとともに歌い上げる。震災で被災した男性が最も欲していたものは、おそらくこの「あなたがいてくれてよかった」という言葉だったように思える。

さださんが、「関白宣言」でも「関白失脚」でも、最後の場面では死ぬことの視点から歌い上げているのは、まさに逆算型の生き方を示唆している。

最近、会葬御礼をまとめて読んだことがある。かつての紋切り型のあいさつだけではなく、故人に対する思いが綴られている内容が増えている。その中で胸を打つのはやはりこの「あなたがいてくれてよかった」である。

研究会で発言された先輩は、会社からの評価という意味では満足していなかったかもしれない。しかし彼の言葉は、会に参加したメンバーの賛同を間違いなく得た。

「あなたがいてくれてよかった」と仕事仲間や家族から言われることは、やはりかっこいい。しかもそれは誰にでも手が届くことではないかと私には思える。

第　5　章

会社員のまま
2つの自分を持つ方法

サラリーマン八策

最終章である本章では、会社勤めをしながら具体的にどのような点に配慮し、どういう動きをすれば、従来の枠組みから一歩抜け出て、第2の通過儀礼を乗り超えることができるかについて考えてみたい。

私たちは会社員生活を送る中で、自分でも気づかないうちに、長年の立場が当たり前になってしまって、勝手に枠組みを自ら設定しがちだ。ところが何か大きな出来事などが生じると、上司や部下、家族、また自分自身にも見えていなかった自分が顔を出す。その新たな自分の発見は、自らの立場を変えるエネルギーを伴っていることが多い。

ここでは、会社員が自ら会社という枠組みを見直す際の8つのポイントについて検討していく。なお注意してほしいのだが、これらは目指す目標というよりも、自律的に動き出せばこういう要素が強まってくるのだという点を理解しておいてほしい。

①悩みの種から花を咲かす——悩んでいることは、次のステップで自分を支えることになる。

②働く組織のサイズを考える――働きがいは、働く組織のサイズによって影響を受ける。
③積極的に降りるという選択も――キャリアダウンの道筋も考慮に入れる。
④3年後に新たな自分がやってくる――ライフサイクルにおける一区切りは3年である。
⑤過去と未来を往来する（現状維持にとどまらない）――自分自身を時間軸でとらえると個性化する。
⑥偶然の出会いが成否を決する――自分がとらわれている枠組みを崩すのは、偶然の出会いである。
⑦身銭を切る――自分の金を使わないと、新たな世界は見えてこない。
⑧芸名を持とう――２つの立場を持てば安定する。

悩みの種になるほど大切なことは何か

私が主宰している研究会で、人生後半戦の課題、「こころの定年」の話になった時に、出席者から「自分の好きなことを持っている人はうらやましい。どうすれば自分にとってかけがえのないものを見つけられるのか？」という質問に接した。彼は40代前半の会社員。私も同じ年齢の頃に同様の課題に直面していたので興味深く質問を聞いた。

言い換えれば、「これは私のものです」をどのようにして探し出すのかという課題である。

転身者においては、築いてきたキャリアや能力だけでスムーズに次のステップに移行できた人は少数派である。むしろ自分の悩みに関わることや、そこから派生することから取り組むべき課題を見つけ出す人が多い。

一体どうしてなのかと何度も話を聞きながら自問した。気がついたのは、彼らは会社員の時とは異なる、新たな自分を発見していたのだった。

しかもその新しい自分は、現在の自分とかけ離れたところに見つけるのではなく、自身の悩み（「こころの定年」など）に向き合い、「何でこんなことになるのか」「あれさえなかったら」という「こんなこと」や「あれ」の中に新しい自分のヒントが隠れていることが多い。「ないものねだり」ではなく自分の中から探し出すのである。

リストラされた、リストラした、左遷された、会社が破綻した、合併になった、病気になった、子どもの不登校や家庭内暴力など、大変な状況が次のステップにつながっている。

やりたいことや好きなことを自由に探せばいいと言われるとかえって難しい。ビジネスでも、一定の制約があるほうが方針を決めやすい。個人も一緒である。

自分がこだわりを持ち、コミットしている事柄でなければ人は悩まない。その悩みに向き合うことは、自分を見直すことになり新たな自分の発見につながりやすい。大嫌いは大好きに転じやすいとも言える。

会社員生活の中で、他人と違う自分だけの感覚があれば大切にすべきである。自分でも持て余している「短所」が、次のステップでの核となって自分を支えていく可能性がある。長所、短所というのは表面的なもので、自分の感覚は、本当は何をしたいかを知っている。悩みの種からはきれいな花が咲きやすいのである。

なぜ「会社が悪い」という考えに逃げてはいけないのか

会社で働くことに戻れば、働く意味に悩む「こころの定年」などの疑問を抱えている自分の気持ちにきちんと向き合うことだろう。

もちろん働く意味などに関心を抱かない人もいるし、気になってはいても適当にやり過ごせる人もいる。しかし、この問いから逃れられない人は決して少なくない。

会社で働く意味に疑問を持ち、面白味を感じなくなった時は、むしろ「会社とは何か」「組織で働くということはどういうことか」を深く考えるチャンスであり、新たな発想を生む可能性がある。

「こころの定年」のような不安定な心理状態を抱えながら、持続的に新たな自己イメージを作り上げようと主体的に取り組むことが、心構えを切り替え、新しい生き方を探すことにつながる。繰り返しになるがこれは外にあるものを持ってくるのではなくて、もともと自分の中にあるものをつかみとる作業である。

「会社が悪い」「上司がわかっていない」と簡単に他人のせいにして逃げないことだ。組織で働く人々の悩みや惑いの中には、その人の本来の可能性が宿っていることがある。

私が自信をもってこれを主張できるのは、同じ道筋を経ている転身者が多いからである。彼らは、働く意味に正面から向き合い、その結果も自分で引き受ける覚悟があるから転身できた。スタートもゴールも異なる多くの転身者の唯一の共通点は、悩みや関心事に正面から向き合っていることなのである。

少し大げさに言えば、そういう覚悟を通して人を愛することを彼らは学んでいるような気がする。だから周りの人が手を差し伸べやすくなるのである。逆に、変化を求めず、変わることに不誠実な人に対しては、周囲は手を施す術を持たない。

１５０人を超える組織では働く実感が得にくい

テレビのＮＨＫスペシャル「ヒューマン　なぜ人間になれたのか」で、人間の集団のサイズについて興味ある内容が放映されていた。

霊長類の集団は、種によって構成する集団の数が異なっている。テナガザルは15匹、ゴリラは35匹、チンパンジーは65匹だという。これは、大脳の新皮質の大きさに比例していて、この法則に沿って人間の集団を算出すると１５０人になるという。

また世界各地において、一緒に儀式などを行う人間のネットワークの平均的な人数を調査した結果では１５３人だったという。

前著『人事部は見ている。』で、１人の人事課長が把握できる社員数は３００人と書いたが、働く社員同士から見る景色とは違う。集団の中で互いに対面して情報交換できる範囲はこの１５０人程度だろう。この人数を超えると、仲間意識や連帯感が形成できなくなる。

人が仲間意識を醸成するには、互いの人柄と置かれている立場を知っておかなければならない。「この案件は俺が責任を持つ」と言い切るためには、互いが互いを知っている前提が必要である。「あの課長が、あそこまで言うのだったらついていこう」と部下の気持ちが1つになるには、部下同士の連帯が先行する。

「誰のために役に立っているのか」「成長している実感が得られない」という「こころの定年」の1つの理由は、この150名という集団をはるかに超えたところで働いていることが一因である。

私が中年になって働く意味を失ったのもここがポイントだった。内部管理機構の管理職では、互いに感情の交流を進めながら仕事をやっていけなくなる。そういうことに対するもどかしさが大きかった。

また私が仕事を投げ出す前年に、医療に関するNPOで毎週土曜日に活動していたことがある。このNPOでは常勤のスタッフは2人だけ。ボランティアの電話相談スタッフ数人と一緒に組織を運営していた。少人数であることもさることながら、各自が自律的に仕事に取り組んでいる姿が印象的だった。大きな組織でしか働いたことのなかった私には、「世の中にこういう組織が存在しているのか」と衝撃であった。

ソニーの前身の東京通信工業株式会社の設立趣意書の経営方針には、「いたずらに規模の大を追わず」「経営規模としては、むしろ小なるを望み」「従業員は厳選されたる、かなり小員数をもって構成し、形式的職階制を避け」などと書かれている。

ソニーの創業者である井深大氏が、働く組織のサイズやそこで働く社員の人数を小さくしなければならないと警戒していた様子がうかがえる。

実感を持って仕事を続けられるかを決定するのは、組織の大きさや働く仲間のサイズなのである。何を製造しているか、どういうサービスを提供しているかではない。

150人を超える組織に長くコミットしていると、感情的な交流も生まないので新たな自分は見出しにくくなる。

ただ大きな組織に在籍していても、自分が実感を持って働ける範囲に限定して仕事をするというやり方もありうる。次に述べるように、中高年以降に出世コースから外れて、会社の中でできるだけ端っこのほうにいるというのも1つの方策である。

たとえ降りても、組織の仕事は全力でする

多くの会社組織は、社員にキャリアアップの道筋しか示していない。その背景には、先に述べたように、頑張れば役職が上がる、実績を挙げれば給与は増えるなどの役職や年収、老後の保障といった外形的に評価できるものを与えれば、社員のモチベーションは当然のように起動すると考えているからである。

しかし中高年になると、そういう社員に対する一面的な見方に対して、心の中では納得できないと感じている社員は少なくない。

選択肢の1つとして、「あえて昇進しない」「自ら降格を申し出る」ことも検討に値するのではないだろうか。もちろん降りること自体が目的になってはいけない。

私には平社員から役付者への復帰を一度断った経緯がある。経済面は楽ではなかったが、当時取り組んでいたインタビューや大学院の修士論文のことを考えるとやはり時間が欲しかった。役職に復帰すると部下の管理の仕事も増えて、会議などいろいろな調整ごとにも時間がとられることが想定されたのである。

結果として、「やはり自分のやりたいことをやろう」という結論を出した。このチャンスを逃すと、「俺はこれに賭けた」と言えるものに一生巡り合わないのではないかという危機感もあった。

ただし留意しておくべきは、たとえ「降り」ても、組織の仕事をないがしろにしてはいけないということだ。会社での仕事の質を落とすと、自分のやりたいことの質も劣化する。本気で取り組むことは全人格的なものであって分離はできない。組織から降りることは、あくまで自分のやりたいことの反射的な効果として検討されるべきである。

また働くサイズの問題の面からも、互いに顔が見える範囲の同僚や顧客を大切にして納得できる仕事に取り組むという手立てもある。そうすれば「あなたがいてくれてよかった」を目指す働き方がより可能になる。

会社内で中核的な役割を担っている部署では、どうしても具体的なアクションはとりづらい。一般には、組織の端のほうや顧客に出向く現場にいるほうが新たな動きがしやすい。主流とは異なる道を歩むことで、外の世界が見えやすくなる。それに出世コースから離れてみると、組織内でも誰ともぶつからないことに気づくはずである。

そういう意味では、平社員という生き方もありうる。私は、支社長、担当部長などの役職を経験したあとに、数年間平社員のまま働いたが、組織の景色はずいぶん異なるものだった。やはり会社は幻想なのである。

このように一旦システムから降りることによって、新たな視点を獲得できることもある。私の場合は、あえて平社員の立場を維持したことによって新たな道が開けたと思っている。

3年後の自分にパスを送る

最近、知人の公務員の方から小説の原稿を預かった。内容は面白かったので「書き続けてみたらどうですか」と話した。その時に彼は、「定年までの17年先を考えて書いていきたい」と語った。もちろん長く続けるという心意気は立派だ。私が引っかかったのは17年という期間は長すぎるということだ。

先にも書いたように、転身者には「一区切りつくまで3年」と発言する人が多い。

私が大学院で受けたベンチャー起業論の授業で、大手メーカーから、サービス業で起業した女性経営者が「自分のまわりのベンチャー経営者はなぜか『3年で目処がついた』と語る人が多い」という発言にも興味を持った。

やはり1年や2年ではなく、また5年という話も聞かない。なぜか3年なのだ。48ページでは、学生から社会人への移行や社内での仕事では、3年が一区切りになると述べた。おそらく人の感覚という尺度においては、自分の立場を動かすのに、3年程度の時間が必要なのだろう。逆に言えば、3年程度は没頭して取り組めるものでなければ、安易に会社を辞めるなど、リスクを負うのは控えたほうがいいだろう。

新たな自分の可能性を見出す作業は、直線的には進まない。しかも試行錯誤はそのプロセスに必ず埋め込まれているので、撤退や方向転換もありうる。自分の投げかけたことを、相手がスムーズに受け止めてくれるにも一定の時間が必要である。

周りの会社員と話していてよく聞く言葉の1つは、「そのうちに」なのだが、実際には、そのうちなんていう時間はない。

一番近い未来の自分は、3年後にやってくる。その彼にいいパスを送ることが大切だ。

豚まん、牛丼、ナツメロで昔の自分に再会する

作家荻原浩氏の『あの日にドライブ』という小説を読んだ。主人公は43歳のタクシー運転手。堅実な銀行マンだった彼が、支店長に対して吐いた言葉によって出向を命じられ、結局は銀行を辞めた。

ある日、乗客を降ろしたのが学生時代に住んでいたアパートの近く。そこから、過去に思いをはせる。「もしもあの時〜していたら……」。彼は過去に戻り、思い出をたどって行動を始める。その結果、自分の足もとにある大切なものに気づいていくという物語である。

過去の自分と現在の自分を比較してみる。そうした時に初めて、自分の身に何が起きているかが理解できる。日常生活でも、過去の自分や未来の自分に会える手立てはいっぱいある。何も大げさに考える必要はない。

たとえばB級グルメの私は、死ぬ前の1カ月間の昼食で食べたいものベスト30をランキングしている。1位は小さい頃に食べた地元神戸の店の豚まんである。選んだものの大半が高額のものではなくて、小さい頃や青春の思い出と結びついている。大学受験の合格発表で自

分の名前がない掲示板を確認した帰り道に食べた吉野家の牛丼だったり、学生時代バイトをしていた王将の餃子だったりする。

あるニュース番組で、ジャイアント馬場さんが最期に食べたいものはと聞かれて、「おふくろのおにぎり」とはにかんで答えられたのが印象に残っている。

もちろん死ぬ時だけがポイントではない。ランキングを定期的に更新するので、日々の昼食をないがしろにしないための手段でもある。美味しく昼食を食べることができる年齢が75歳までとすると、私にはあと6000回くらいしか機会はない。1回たりとも無駄にしたくないのである。

また私は有線放送で、1970年代のヒット歌謡曲を聞きまくる。山口百恵や郷ひろみなどの歌に耳を傾けていると、中学校や高校時代の思い出が鮮明に蘇ってくる。普段では決して出会えない自分がそこに現れる。

還暦になれば、生前葬を行うことも検討している。誰に司会を頼むのか、葬儀で流す音楽をどうするのか、案内状は誰に出すのか、新たな名前を得て襲名披露も一緒にするのかなど、これは人生前半戦の結婚式と比べるとはるかに奥深い。

社会人大学院で私と一緒に机を並べていた中小企業の社長は、5年後の自分に毎年手紙を書いている。未来の自分との対話から何かを得ているのだろう。

また同窓会に出席すれば、過去の自分に出会える。現在取り組んでいるインタビューや執筆のことを同窓会で話すとなぜかスムーズに理解してくれる。はじめはそれが不思議だったのだが、「お前は、昔から人の話を聞いて、それを面白おかしく他の人に伝えるのが得意だった」と同窓生に言われたことがある。自分にはそういう意識はまったくなかった。

今やっていることを中学や高校時代の友人に話してみるのは、自分の持ち味を出しているかどうかのリトマス試験紙かもしれない。会社で役職を背負っていた当時の話をしても、同窓生にはストレートに理解されなかったに違いない。

将来に備える最良の方法は、自分の持ちうるものを、すべて現在のために使うことである。しかし個人は現在だけにとどまっていてはいけない。

日米の映画が描いた不思議な共通点

人はそれぞれ一回限りの人生を生きる。それはかけがえのないものである。人生の終わりが近づいた時、「もっと契約をとればよかった」と後悔する人はいない。

中年以降になると、自分の中で死をどのように受け止めるかは、日常の生活を充実させることに重なっている。今の世界に永住することはできないという事実そのものが幸福を呼び込む可能性がある。

先ほど述べた死ぬ前に食べたい昼食のトップである豚まんの店に今も時々足を運ぶ。単に美味しいだけでなく、行くたびにその場の雰囲気が違うのである。不思議なことに、ここでは1人で食べていても小学生当時の私と一緒なのである。仕事を投げ出してブラブラしていた40代の私が同席することもある。

最後の晩餐は、ここで豚まんを食べるつもりだ。そうすれば10歳の私、20歳の私、30歳の私など多くの私とにぎやかな食卓になるに違いない。プロローグに書いた「マイセルブス」と同じような最期を迎えたい。

映画「生きる」は、人生の最期から逆算しているが、ファンタジー映画の中では、「ゆりかごの前、墓場の後」の大切さも描きながら死を位置づけようとしている。

ケヴィン・コスナー主演の「フィールド・オブ・ドリームス」では、主人公がトウモロコシ畑を歩いていると聞こえてきた謎の声（「それを作れば、彼が来る」）に従って野球場を造ったことが縁で、亡き元野球選手だった父と出会い、彼とのわだかまりを解消する。

大林宣彦監督の「異人たちとの夏」では、主人公は、妻子と別れて1人で暮らす40歳のシナリオライターである。ある日、幼い頃に住んでいた浅草に出かけて、死んだはずの両親に偶然出会う。2人は交通事故で死亡したが、なぜかその時の年齢のまま、浅草に住んでいた。彼は懐かしさのあまり両親の家へ通うようになることから物語は展開する。

2つの映画とも次の世代につないでいくことが1つのテーマになっている。日米の映画ともに親子でキャッチボールする姿が描かれているのが象徴的だ。

次の世代に継承していくという意味

会社という組織の構成員を見れば、20歳前後から、60歳前後までのメンバーがいる。家族における世代という意味では、3世代の従業員を会社は抱えている。

社員のライフサイクルを無視した人事運用は意味を持たなくなりつつある。高度成長を背景とした一律管理や競争モードを持ち込むだけでこと足りた時代は終わった。私が人事の課長をしていた時に、社員の年齢別人員構成の推移と過去の人事の諸施策を並べて対比したことがある。両者には符合する点が多く、自分でも驚いた。

企業内の中高年社員と若手社員との間に不平等があるとして、中高年社員の既得権を剝奪して、若手社員に回すべきだという議論がある。しかし、そこから得られるものはあまりないだろう。若い世代はそこにとどまるわけではなく、間もなく次の世代に移行するという構造になっているからだ。企業も社員も時間軸の中で生きている。

多くの会社員生活の中には、次の世代に語るべきもの、若い人に継承すべきものを自己確認できないという共通の課題が隠れている。企業のマネジメントとしてもそれは見逃せない。

転身者の中には、小学校の教師から若い教師を育てる教育サポーターに転じた人、大手電機メーカーから公立高校の校長になった人、長くアナウンサーを務めたあとに、話し方の教室を開催して磨いたスキルを後輩に伝えている人などがいた。

中年期以降には、子どもを産み、育てることに代わるものが求められているのだろう。せっかく生まれてきたのだから、充実した人生を過ごしたいという思いは当然だが、もう一面では、いつ死の側にまわったにしても、次の生を生かすという実感を持つことも大切だ。

私の若い頃にヒッピー族のコミューンがアメリカで流行した。しかし間もなく自然に消滅していった。その理由の1つは、老いや死をコミュニティーの中に取り入れることができなかったからであろう。

ある落語家が高座で「落語家の師匠は、右も左もわからない内弟子に対して、3年の間、月謝も取らずに落語の稽古をつけてくれる。おまけに食事の面倒までみて、お小遣いをくれることもある。それでは、一人前になった弟子は、どのようにして師匠に恩返しをするのか？それは、自分が弟子を取って同じように落語の稽古をつけることなんです。次の若い人につないでいくわけですな。親子みたいなものですわ」と話すのを聞いた時に、世代をつないでいくことの大切さをあらためて感じたのである。

偶然を呼び込む姿勢

アメリカの俳優で映画監督でもある、ウディ・アレンは、「成功の80％は、いろいろな所に顔を出す（ＳＨＯＷ ＵＰ）ことだ」と言っている。ここでいうＳＨＯＷ ＵＰは、「姿を現す」のほかに、「目立たせる」の意味もある。チャンスや転機は人間を通してもたらされる。だから人に会い、目立つとよいとアレンは主張している。

偶然を手中にする、すなわち運をつかむには、適切な時に適切な場所にいることが必要である。要するに、自分は、どのような運を求めているのかをアピールするのである。

ところが会社員はこの点が苦手である。優秀で力量もあるのに、インプットが中心で目立つことを避ける人も多い。自分の本心を隠すために話していると思える人もいる。

組織の中では、互いに相手を知っているという前提があり、言わないでもわかってくれるとの過信がある。また自分を出しすぎると、社内ではデメリットが多いと自己セーブしている面もあるのだろう。同時に組織の中で要求される合理性や、効率性はできるだけ偶然の要素を排除することを前提にしているからでもあろう。

私の周りにも脚本を書いたり、ジャズ評論、フォークソングや演劇、コーチングなどに真摯に取り組んでいる会社員がいる。彼らに会社の外に出て、SHOW UPすることを勧めると、なぜか返ってくる答えは同じである。「もう少し研鑽してから」「もっと力量を高めてから」と言うのだ。

研鑽するため、力量を伸ばすためにSHOW UPすべきだと思うのだが、彼らとのギャップは埋まらない。たしかに組織の中で、皆が同じことを考え、行動している時に、自分だけが異なる行動をするのは大変である。しかし彼らには力量があるだけに私はもったいないと思っている。

会社の中に閉じられた枠組みを壊すのは実は偶然である。偶然を排除すると人にも出会えなくなる。転身者のインタビューでは、組織の中ではあまり語られない「○○さんとのご縁で」「思わぬ展開で」「たまたま××さんと出会って」と発言する人が多い。

私個人を振り返っても、いくつもの偶然が重なっている。マスコミにまったく縁のなかった私が拙いながらも、新聞や人事労務雑誌に連載したり、著書を出版している。これらは興味ある記事を書いた記者に直接電話をかけたことや、たまたま図書館で読んだ人事労務雑誌の編集者を訪ねたことが契機になっている。

一般には、偶然は個人の手の届かないものだとか、偶然か必然かの二者択一で論じられがちである。しかし転身者の話を聞いていると、限られた範囲であってもその人の心構えや姿勢が偶然を呼び込んでいることがわかる。

私の場合でも、毎日ブログを書き、インタビューを積み重ね、発信の姿勢に転換していたことが偶然を呼び込んだのだろう。そう考えると、そもそも偶然というのはもともと人にからむ出来事であるとも言えそうである。

人との出会いを広げる４つの条件

転身者のキャリアチェンジのプロセスを丹念に追うと、人との出会いの大切さがよくわかる。一般には資格の獲得や能力を高めることがキャリアにおいて強調されるが、出会いがなければ異なる世界に行けないというのが実感である。未知の世界に飛び込む時に、自信を引き出してくれるのは、人とのつながりである。

出会いも、その人に憧れたというか、自分の目指すものをその人の中に見つけて影響を受ける場合と、その出会いが次のステップの転機になる場合の２つがある。

面白いことに転身者の話には、同じ会社で働いている上司や同僚は、ほとんど登場しない。会社勤めの範囲外にいる人から刺激を受けて展開する場合が多く、しかも偶然に支配されているとしか思えない状況が語られる。

転職の研究で有名な社会学者のグラノヴェーダーは、「弱い紐帯《ちゅうたい》」という仮説を主張している。いつも会っている会社の同僚や家族は、同様の情報を共有する傾向があるので、転職を目指す人は、それほど親密でない人から新しい情報を得て次の仕事に移ると想定している。

私は、情報というキーワードよりも、むしろ人との関係性、つまり転身する人の姿勢や心構えが大きく影響しているというのがインタビューを通して得た実感である。

私は、転身者の取材を通して、人との出会いを広げる条件を左記の4点に整理してみた。

①1つのことに固執しない――会社中心の働き方にこだわりすぎると、人との出会いは広がらない。どこかで一歩踏み出すことが必要である。

②課題意識を表に出す――優秀で力量もあるのに、課題意識を表に出さない会社員は多い。心の底で大切に思っていることは、志の近い人との出会いを磁石のように結びつける効果がある。

③自分から与えるのが先――尊敬する先輩から、「3年くらい収入がなくても人のためにやってあげると必ず戻ってくる。まず君がいい人とわかってもらうことが大切だ」というアドバイスをもらったことがある。その意味の大切さは、あとになるほどよくわかってきた。

④集団や団体とうまく付き合う――1人だけで人と人との出会いの交差点に立つのは、なか

なか大変である。集団や団体といい距離感を保てばいろいろな人に会える。もちろん自分が働く会社もそこに含まれる。

お金にはこだわるほうがいい

私が最初の著作を出して、執筆に取り組みはじめた頃、「たとえお金が稼げなくても、自分の力を引き上げていきたい……」と私が話すと、私淑していた先輩は「そんな言い方をしないで、明確にビジネスと位置づけたほうが自分をグレードアップできる。お金にもこだわることだ」と忠告してくれた。

当然ながら私が目指していることを実現するには、他者による評価を得なければならない。その最もわかりやすい尺度の1つがお金と言える。

作家の村上龍氏は、「趣味の世界には、自分を脅かすものがない代わりに、人生を揺るがすような出会いも発見もない」と述べた上で、真の達成感や充実感は、コストとリスクと危機感を伴った作業の中にあると述べている。

先輩の話を聞いて、執筆でメシを食っている人にできるだけ会おうと思った。それまでは自分の取り組みはビジネスとは別次元のことと考えていた。

ある情報誌の女性編集者は、ライターが「私の好きなシュークリームをぜひ掲載してほしい」と企画案を持ってくると、「異なる店のシュークリームを100個は食べてきましたか？」と尋ねる。標準より上か下か、右か左かなど自分の物差しが生まれるまで量をこなさないと質の高い発信はできないと助言したという。そこを起点に店員のサービスや店の雰囲気などに関心を向けることをアドバイスしていた。

また彼女は、一緒に働く後輩には、「昼飯で外に出るなら、ネタの1つは必ず持ち帰れ」と指導しているらしい。彼女の話を聞いてプロとはこういうものだと感じ入った次第である。

また前著『人事部は見ている。』を発刊したあとに何人かの書店の責任者と会う機会があった。彼らは、拙著に対してコメントすることは一切なく、感想を述べることもなかった。私を事務所内に案内してくれた店長もそうだった。

その店長との会話を通じて、彼らはお客さんが自分の財布からお金を出して本を購入するという事実を評価しているので、それ以上のコメントは不要だと考えていることに気づいた。

そういう意味ではお金を払ってもいいと思っていただける本を提供することが、私の目標なのである。それは私個人が全精力を傾けて格闘するに足りる指標でもある。大きなお金を稼ぐ必要はないが、お金の価値をうまく使うことはやはり大切だ。

身銭を切ろう

会社員は、新たな商品やサービスを企画する際にも、会社のお金を軸として考えているのが日常である。また毎月の給与も一定なので、自己に対する新規投資、先行投資にもそれほど積極的ではない。逆に、仕事によるストレス解消にお金を使うことが少なくない。

会社員は、もっと自己の成長にお金をかけ、身銭を切るべきである。そうするとお金の価値が自分の中でもっと明らかになってくる。

評論家の渡部昇一氏は、その著書の中で「凡人の場合、身銭を切るということが、判断力を確実に向上させるよい方法になる」と述べている。

会社の接待でいくら高額の会席料理を食べても、私は美味しいと感じたことがない。一方、自分でお金を出せば五感がそれだけ研ぎ澄まされる。味わいが違ってくる。

また丸抱えの出張時と、自分でお金を出す旅行ではやはり感じることが異なる。タダで学ぶことはできない。身銭を切ったものでないと、文字通り自分の身にならないのである。

出版社のある編集者は後輩に、「書籍は会社のお金（経費）でも購入できるが、自腹で買ったほうがいいよ」と勧めているという。自分のお金で買わないと書籍を購入してくれる顧客の気持ちになれないからというのだ。

会社生活から何かを学ぼうとすれば、身銭を切ることが必要だ。そうすれば何でも勉強になる。この点は、会社員が最も忘れがちな1つの点である。

また身銭を切ると新たな世界も見えてくる。たとえばお金の価値が均一でないこともわかってくる。ここ数年原稿を書いていただくお金は、私にとって会社からもらう給与の10倍の価値がある。たとえば3000円の原稿料は、3万円の給与に相当するというのが実感だ。

それだけエネルギーをもらえるわけだ。だから実際の懐具合が多少寒くても貧しいと感じることはない。また無駄なお金はあまり使わなくなった。ストレス解消に伴う出費が必要でなくなったからだ。

複数の自分を切り捨てない

グローバリゼーションが叫ばれ、多様な人材をマネジメントしなければならないという議論は盛んだが、会社員は1つの固定した個人と位置づけられがちだ。組織を合理的、効率的に運営するために、社員に名刺やIDカードを携帯させて唯一のアイデンティティを求めている。

また社員自らも組織に自己の存在を埋め込んでいるので、それほど疑問を抱かない。同時にそういう一面的な立場を維持して、主体的なものを切り捨てることが社内の昇進と結びついてきた面もある。定年で引退しても、勤めていた会社名を刷り込んだ名刺を差し出す退職者もいる。

組織が長く安定している時は、構成員は共通の意識タイプを選び、それがいつのまにか唯一絶対的であって、他のものの存在すら疑わないような状態になる。安定を願う構成員は、自らの意識体系を保つための規則や習慣を作り上げてそれを守っていく。そこでは「若い時には私はこれだけ仕事をした」とか「現在の○○役員の下でこれだけ働いた」といった発言が重みを持つようになる。

しかし私たちは、普段「私、わたくし、僕、自分は、俺は」のように自分の呼び名を変えて、相手や場面に応じて自己の位置づけを変化させている。組織内の合理性や効率性の枠を取り除けば、自然と数多くの自己イメージを持っていることがわかる。会社の部長が家庭に戻っても部長のようであるとは限らない。

この道一筋ではなくて、あれもこれも的なところがあるほうが柔軟な対応が可能である。一生のうちに異なる立場をいくつか経験することは、人生を深く味わうことにつながる。複数の私、複数のアイデンティティを切り捨てないことが大切である。

昔は、成人してから幼名と異なる名前を名乗ることもあった。芸の世界では、襲名披露で名前を変えることはよくあることだ。

作家の遠藤周作氏はある対談で、「遠藤周作のほかに孤狸庵なんて名前をつけていて、ずいぶんバランスをとっているんですよ。（中略）三島由紀夫っていう名前みたいにですね、自分を一つに限定しちゃって、しかもトップを走るというイメージで自分のスタイルを決めてしまった。これは苦しいだろうなと思ったですな」と語っていた。

自分を変えることはできない。そうであるならば自分を単一のアイデンティティに限定せずに、複数の自分を持つほうが苦しさや閉塞感から解放される。選択肢や評価基準が1つしかないと思い込むことも避けられる。

第3章でドラッカーが、第2の人生に対する課題で提示した3つの解決方法、「文字どおり第二の人生を持つこと」「パラレルキャリア（第二の仕事を持つこと）」「ソーシャル・アントレプレナー（篤志家）」になることは、やはり複数の自分を作ると言っているのだと解釈できる。

芸名を持ってみる

実は楠木新は芸名（ペンネーム）である。小さい頃から落語や漫才が好きだったので、いつか芸名を持ちたいと思っていた。現実になったのは、会社のポストを投げ出してからだ。「楠木」は私が通っていた神戸の中学の名前からとった。山城新伍さん（京都府立山城高等学校）やラサール石井さん（ラ・サール高等学校）は出身校を芸名としている。「新」は、育ったところの地名である神戸新開地からとった。

繰り返すが、会社員として、にっちもさっちもいかなくなった時に、私の脳裏に浮かんだのは、子どもの頃の歓楽街にある映画館や面白いおっちゃんたちだった。神戸松竹座で見た漫才やコントなども記憶に蘇ってきた。中学当時の私はこんな楽しい毎日が永遠に続けばよいと思っていた。

今は執筆でも、大学の授業でも試行錯誤の連続であるが、あの頃と同様、毎日が楽しくて仕方がない。芸名はそのための有効な装置である。

もともとは、会社や役職から離れて、「自分はどれくらいのことができるのか」「自分は一体ナンボのもんじゃい」ということを確認したかった。僧籍を持つ会社員は、「宗教ネームや芸名は、周りから自分を防御する機能を持つ」と話していた。たしかにいろいろな面で防波堤になってくれている。

芸名で活動してみると、自分が本名に縛られていたのだと感じることがある。自分で勝手に枠組みというか制約を課していたのである。そう思って周囲を見ると、会社の仕事に自分を押し込めている人は少なくないように思える。

2012年に初めて楠木新宛の年賀状の枚数が本名宛を上回った。芸名で活動する中で困ることはほとんどない。携帯電話に出る時に、「もしもし」から始めて相手を確認するまでは、どちらを名乗ればいいか迷うくらいのものである。

２つの立場を持てば安定する

芸名を持つと、２つの立場があれば安定するということがわかる。

会社でいやなことがあっても芸名の世界に入れると思えば、すぐに切り替えられる。まったく引きずらない。また私の場合、いくら執筆に没頭できるといっても区切りが必要だ。最近は月曜日の朝に会社のパソコンを立ち上げるとほっとできる自分がいる。

相互に気分転換になっているのだ。

２つの立場を持つというと、ネット上で新たなハンドルネームを持ったり、サラリーマンが不動産の大家や数店舗のレストランのオーナーになったりという例を思い浮かべる人もあるようだ。私が思っている2つの立場というのは、それらとはちょっと違っている。独立した2つの立場を持つというよりも、２つの立場が互いに相補う関係でそれぞれが影響し合うことがポイントである。

昔はよく本音と建前の使い分けなどと言われた。しかしもはやそのような単純な切り替えではすまなくなっている。それならばその矛盾するルールをそのまま抱えればいいじゃないか。だから起業塾でやっているような、今から新たに起業するネタを探しましょうといったこととも異なるのである。

私の場合であれば、会社員として組織の中で働くという立場と、自分の興味あることを発信したいという立場はたしかに矛盾する。その時にどちらか片方を切り捨てるのではなく、一生懸命それをつなげようとする営みが自己を深めると思っている。結果として新たな自分を発見することにつながるのである。

上昇志向を持っていても、その通りにうまくいくかどうかはわからない。しかし自分のやりたいことが身についてくると、社内の人間関係が変化しても何ら影響を受けない。

会社員は、仕事の量が増えると単純にエネルギーを消耗して疲れると考えがちである。ところが好きなことなら一晩寝れば回復する。亡くなられた映画評論家の淀川長治さんが映画で、魚類学者のさかなクンが魚のことで疲れた顔を見たことはないだろう。むしろエネルギーを発散できないほうがよほど疲れるのである。

また2つの立場を持てば、無理して自分を変えようとしなくてもよい。二者択一に追い込まれるリスクも回避できる。繰り返しになるが、その結果、自分を深めるとともに、新たな自分を発見することにつながるのである。

独立・起業でも、二足のわらじでもない僕たち

先日、転身の取材でお世話になった田代英治さんと喫茶店で語り合う機会があった。

現在、人事コンサルタント、社労士としても活躍中の田代英治氏は、7年前は、川崎汽船の人事部の課長職だった。彼は上司に「現在の雇用契約ではなく、今後は委託契約で会社と関わりたい」と希望して独立した。現在も週に3日、半日だけ川崎汽船で働いている。デスクやメールアドレスも現役の時と同じである。他の時間は人事コンサルタントとして15社程度の顧問先を抱え、セミナー講師や執筆にも忙しい。今はNPO法人インディペンデント・コントラクター協会の理事長も務めている。

一方の私は、中年になって組織での仕事の意味に悩んで休職した。その後、同じ会社で仕事を続けながら執筆などに取り組んでいる。この本を含めて8冊の本を書き、大学の非常勤

講師をやったり、少ないながらも講演やセミナー講師の機会もいただいている。

私たちは華々しく起業したわけでもなく、組織の中でエライさんになっているわけでもない。それでも2人とも毎日気分よく、自分のやりたいことに取り組んでいる。それほどリスクもなく、周りの人と楽しく仕事をしている。

田代さんとは、「私たちは、グレーな仲間かもしれませんね」と笑い合った。

世の中では、起業することをことさら強調したり、会社員は、自立するために武器を持たなければならないなどという主張が闊歩している。

しかし働き方はあくまでも形、器に過ぎない。起業・独立やフリーランス、会社員といった働き方自体に優劣や意味があるのではなく、やっていることが楽しいかどうかがポイントである。何をしているかよりも、そのありようが重要なのである。

田代さんの選択も、退社するか、そのまま残るかの二者択一ではなく、働き方にはいろいろな形がありえることを示している。また会社で働くことと、人事コンサルタント・社労士での活動は、それぞれ相補う関係でシナジー効果を持っている。

会社員の中で起業や独立にフィットしない人は多い。しかし会社員であっても、フリー（芸人）の意識でいられたら、朝から晩までずっとくるくる頭の中が回るのである。

大切なのは、自分の個性に合った働き方ができるかどうかの一点に絞られる。

松下幸之助氏は、「人間の幸せは自分の運命を生かすことである。自分の運命が平社員で終始することになっていればそれで結構ではないか」との言葉を残した。若い頃の私は順調な会社員生活を送っていたが、自分を十分活かさずに組織に適応しすぎていた。彼の言葉通り平社員になって初めて新たな自分を発見したのである。

自分の物語を作る

人生の後半戦における課題（「こころの定年」）に対する1つの回答は、自分なりの物語を発見することだろう。それは周囲から評価されるとか、脚光を浴びるとかではなく、ささやかでも自分はこれに賭けたという心持ちが大事だと思うのである。

物語ることは、自分が誰にとっても、交換不可能で比較不能だと確認する作業であり、同時に組織の中での行き過ぎた合理性、効率性に対する突破口にもなりうる。

その物語は、その人にとってかけがえのないものであり、同時に他の人にも意味を持つほど揺らがなくなる。そしてその人の人生の中心に深く位置づけられるものであるならば、ライフワークを手中にできたとも言えるのである。

またこの物語は、イチローのような天才やスーパーマンでなくても語ることができる。人は常に上昇し、勝ち組を続けられるわけではない。いつも通常の意味での幸福が続くわけでもない。だが、自分なりの物語の発見は、その人を「いい顔」にして、たとえ試行錯誤や失敗があっても元気とパワーを供給し続ける。

自分なりの物語は、各個人の心の奥底にある動機と強く結びついているが、若い頃や組織で順調に仕事をしている時にはなかなか自覚するのは難しい。

むしろ「こころの定年」などという不安定な心理状態を抱えながら、新たな自己イメージを作り上げようと主体的に取り組むことが、1つの回答を導く。自分が今までやってきたことや関心のあること、悩みの種を踏まえて変化することが大切なのだ。「こころの定年」から目をそらして安易に転職や起業をしてもうまくいかない。

葛藤状態にあるのは、今までの自分ではまかないきれない課題を背負っているのである。その内容をライフサイクルで見ると、上昇一本やりの今までの生き方と、後半生に向けて徐々に降りる道筋との矛盾であることも多い。

この葛藤状態を乗り切るには、それまでに作り上げてきたものを壊さなければならない場面もあるが、それが人生80年を乗り切るための事前準備になっていると思える転身者のケースは少なくない。やはり第2の通過儀礼であると言っていいのである。

あとがき

会社からの帰り道、阪急電車で隣に座った背広姿の中年男性が夕刊紙を読んでいた。その時、彼の顔のあたりから水滴がぽとりと落ちて新聞に小さなシミを残した。

何事かと思って横目で紙面をのぞくと、ロンドンオリンピックでの女子サッカー日本代表の大きな写真と見出しが躍っていた。その瞬間、再び紙面にシミがにじんだ。そう、彼は、なでしこジャパンの記事を読んで感極まっていたのだった。

新聞記事には、キャプテンの宮間あや選手が発した言葉に選手も監督も感動したと書いていた。「ここに立てるのは選ばれた18人だけ。大切な思いや大切な人たちがいて、私たちは戦っている。ここからの6試合、お互いのために戦おう」と彼女は話したという。

言葉通りのプレーぶりや試合ごとに成長を見せる選手の姿に会社員の心が動いたのだろう。同時に彼は、今の自分の立場に身を置き換えて記事を読んだに違いない。

なでしこジャパンの選手たちは、自らを律しながらグラウンドを駆け回り、目の前のボールに全力を投じている。どれだけ働いたらいくらもらえるといった働きと報酬の対価関係を超えたところでチームが一丸となっている。

彼は感動とともにうらやましさも感じたのではないか。組織にどっぷりつかると、自分と周囲の人とを切り離したところでプラスマイナスをとらえるようになってくる。しかしこれでは仲間と一緒にやっていくことも、成長することもぼやけてしまう。

私たちは、年収や役職や老後の年金を得ることで仕事に対する意欲が増すわけではない。働くことが、家族や仲間と喜びを分かち合うことにつながり、自分の知識や能力が高まって成長している実感が得られることを欲している。収入や役職はそれを呼び込むための手段に過ぎない。

私自身は、休職したり、平社員を経験するなど多少の紆余曲折を経て、今は山本リンダ状態にある。もちろん「こまっちゃうナ」ではなくて「どうにもとまらない」である。なんとか対価関係から離れたところで物事に取り組めている。とてもありがたいことだ。

50数年の人生の中で、今が最も成長している実感がある。しかも過去の自分から「頑張ってるなあ」とねぎらいの言葉をかけられ、「期待しているぞ」と未来の自分が待ってくれている。

この状態がいつまで続くかはわからないが、行けるところまで走り続けるつもりである。またより多くの仲間と一緒に、ゴールを目指せるよう私なりにさらに研鑽し、発信を続けていきたい。

２０１２年秋

著　者

楠木新　くすのき・あらた

1979年、京都大学法学部卒業後、大手企業に勤務。人事・労務関係を中心に、経営企画、支社長等を経験。勤務のかたわら、2011年まで関西大学商学部非常勤講師を務める一方、ビジネスパーソン200名にロング・インタビューを重ねる。朝日新聞beに「こころの定年」を1年余り連載。著書に『ビジネスマン「うつ」からの脱出』『会社が嫌いになったら読む本』『就活の勘違い』『会社が嫌いになっても大丈夫』『人事部は見ている。』などがある。

日経プレミアシリーズ｜176

サラリーマンは、二度《にど》会社《かいしゃ》を辞《や》める。

二〇一二年一一月八日　一刷

著者　楠木　新

発行者　斎田久夫

発行所　日本経済新聞出版社
http://www.nikkeibook.com/
東京都千代田区大手町一―三―七　〒一〇〇―八〇六六
電話（〇三）三二七〇―〇二五一（代）

装幀　ベターデイズ

印刷・製本　凸版印刷株式会社

JASRAC 出 1213282－201

ISBN 978-4-532-26176-4　Printed in Japan

日経プレミアシリーズ 054

会社が嫌いになったら読む本

楠木新

この会社で働き続けていいのか——。自ら「うつ状態」で休職を経験した著者が、「こころの定年」を克服した二百人へのインタビューから見つけたこと。組織に支配された他律的な人生を、ゆっくりと自分のもとに取り返すヒント。

日経プレミアシリーズ 122

人事部は見ている。

楠木新

人事評価や異動は、実務ベースではどう決まっているのか——。一般社員がなかなか知ることのできない「会社人事のメカニズム」「人事部の本当の仕事」などを、大手企業で人事に携わった著者が、自身の経験と人事担当者への取材をもとに包み隠さず書き尽くす。

日経プレミアシリーズ 126

ユーロ・リスク

白井さゆり

ギリシャ、スペイン、ポルトガル——欧州で財政危機に瀕する国が続出している。共通通貨ユーロの採用国の財政基盤は安定しているのか。リスクの高低に応じてユーロ圏を三つのグループに分け、主要国の現状を概観するコンパクトでわかりやすい現代欧州入門。

日経プレミアシリーズ 135

サボる時間術

理央 周

忙しく働いているのに、結果が出ない。重要な案件が、いつも「やっつけ仕事」になってしまう……。仕事に追われずに、限られた時間で成果を最大化するには、まず「サボる時間」を確保しよう。多くの外資系企業で働いたマーケターが提案する、逆転発想の時間のとらえ方、使い方。

日経プレミアシリーズ 138

弱い日本の強い円

佐々木融

為替相場は国力を反映する。日本の財政赤字拡大で円は売られる。人口が減る国の通貨を買う理由などない——もっともらしい解説にだまされてはいけない。大震災直後に円高が進んだのはなぜ？大規模介入も効果がなかったのはどうして？　第一線の人気アナリストがわかりやすく説く相場変動の本当の理由。

日経プレミアシリーズ 139

「上から目線」の構造

榎本博明

目上の人を平気で「できていない」と批判する若手社員、駅や飲食店で威張り散らす中高年から、「自分はこんなものではない」と根拠のない自信を持つ若者まで——なぜ「上から」なのか。なぜ「上から」が気になるのか。心理学的な見地から、そのメカニズムを徹底的に解剖する。

日経プレミアシリーズ 140

「IT断食」のすすめ

遠藤功・山本孝昭

大量のゴミメールに、時間ばかり取られるパワポ資料。現場を忘れた技術者に顧客と会わない営業マン――生産性を向上させるはずのITに、みんなが振り回され、疲弊している不条理。深く、静かに進行する「IT中毒」の実態を明らかにし、組織と現場の力を取り戻す方法を解説する。

日経プレミアシリーズ 149

ユーロ危機と超円高恐慌

岩田規久男

二つの大戦の教訓を、ユーロによる欧州統合の夢に生かそうとした独仏。しかし発足時から抱えていた根本的矛盾が今、ユーロに噴き出している。ギリシャから始まった危機はドルと円を揺さぶり、日本を「失われた20年」の困窮に陥れている。そこからの脱出策を多くの実証データで提言する。

日経プレミアシリーズ 150

お金の正しい守り方

大井幸子

次々と危機が訪れ、展望の開けない日本。リスクを嫌い、資産を海外へ逃避させる傾向が強まっている。本当に、それで安全なのか？滞米生活20年でみた「ファミリー・オフィス」の資産保全の考え方と技術を日本に応用、グローバルな視点で自らと家族を守る手段を紹介する。

日経プレミアシリーズ151

いま中国人は何を考えているのか

加藤嘉一

日本人が抱く中国人のイメージは、その実像と大きくかけ離れる。「なぜスタバにショートサイズがないのか」「反日デモをする本当の理由とは」……。日中をまたにかけ活躍する著者が、現地での実体験から、中国人の意外な国民性、ものの考え方を詳しく紹介する。

日経プレミアシリーズ152

会社人生は「評判」で決まる

相原孝夫

ある企業の無役職の社員について人事部いわく、「あの人は、評価はともかく、評判が……」。組織内における「評判」とは何か、どう作用するのか、高め、維持するにはどうすべきか。多くの企業人事を見てきたコンサルタントが具体例を踏まえ、わかりやすく解説する。

日経プレミアシリーズ154

20歳からの社会科

明治大学世代間政策研究所　編

人口増を前提とした日本の社会システムに矛盾が生じている。いま何が起きているのか、これからどうなるのか――。政治経済から、外交安全保障、環境問題まで、私たちが直面する「大問題」を6人の論者がていねいに解説する、大人のための社会科教科書。

日経プレミアシリーズ157

「すみません」の国

榎本博明

実は迷惑なのに「遊びに来てください」と誘う、「それはいいですね」と言いつつ暗に拒否している、ホンネトークと銘打って本当のホンネは話さない……。なぜ日本人はこれほどわかりにくいのか？国際社会でも読み取りにくいとされる日本ならではのコミュニケーションの深層構造を心理学者が解剖する。

日経プレミアシリーズ158

中国人エリートは日本人をこう見る

中島　恵

なぜ日本が好きなのか。日本企業の何が素晴らしいと感じるのか。やっぱり不可解・不快な日本人の性格や行動とは何か——。日中両国に住む中国人の若手エリートおよそ100人が語る、本音ベースの日本論・日本人論。彼らの声に耳を傾ければ、私たちが意識しない「自分たちの姿」が見えてくる。

日経プレミアシリーズ159

仕事の9割は世間話

高城幸司

単なる無駄話と仕事に活かせる世間話はここが違う。相手の心を開き、本音を探り、信頼関係を築くための話術を、営業のプロが徹底コーチ。場の空気を和らげる話題の選び方、肯定的な状況を作り出す質問術、さりげなく相手をほめる法、本題に持っていくための「仕切り言葉」まで、即役立つテクニック満載。

日経プレミアシリーズ160

リスク、不確実性、そして想定外

植村修一

災害、事故、電車の遅れ……。誰もがいつも「リスク」に直面しているが、その本質を理解する人は少ない。「ナポレオンの100日天下はなぜ終わったか」「信長はなぜ本能寺で討たれたか」など歴史の事象から、日常生活のトラブル、ドラマの主人公の失敗まで、バラエティに富んだ事例を交え、リスクとは何か、管理するにはどうすべきかをわかりやすく解き明かす。

日経プレミアシリーズ161

消費税が日本を救う

熊谷亮丸

「パパ、消費税って、なあに？　消費税が上がると、日本は大変なことになるの？」最愛の息子の質問に答えるために、トップエコノミストが立ち上がった。消費税の長所と短所、経済活動への影響、世界的な税制の潮流、財政再建と社会保障制度改革の道筋まで、消費税を軸とする日本経済再生の処方箋を示す。

日経プレミアシリーズ162

日本銀行　デフレの番人

岩田規久男

2012年2月に導入された日銀の実質的な「インフレ目標政策」の「成果」は、皮肉にも、これまでの日銀理論の異常性と政策の誤りを証明することになった。世界標準の金融政策を行えば、日本でも、デフレから脱却できるのだ。震災復興と日本経済再生への「最適金融政策」を提言！

日経プレミアシリーズ164

ヒッグス粒子と宇宙創成

竹内薫

万物に質量を与える素粒子、ヒッグス粒子の存在が提唱されておよそ半世紀。欧州合同原子核研究機構（CERN）は、ついにヒッグス粒子と見られる新粒子を「発見」した。ヒッグス粒子とは何なのか、どのように見つけ出されたのか、物理学の次の課題は……。尽きない疑問をわかりやすく解説する。

日経プレミアシリーズ166

選ばれる営業、捨てられる営業

勝見明

データばかり見て現場を見ない、「客の客」にまで目が届かない、社内情報不足で顧客ニーズに応えられない、やたら接待に誘う――。こんな営業マンとは付き合えません！　各業界の敏腕バイヤー約40人に徹底取材を敢行。そこから浮き彫りになった「選ばれる営業マン」の5つの能力とは？

日経プレミアシリーズ167

聴かなくても語れるクラシック

中川右介

本書はクラシック音楽を好きになるための本ではなく、社会人として知っておきたい常識を身につけるための本です。「クラシックがグローバル展開できた理由」「ベートーヴェンの謹呈商法」「名門オーケストラの人事」などのネタは、商談や会議の場を盛り上げてくれることでしょう。

日経プレミアシリーズ169

京都ここだけの話

日本経済新聞 京都支社 編

舞妓さんと宴席、その相場は。一見さんお断り、突破するには。「よろしおすな」の本当の意味とは……。京都に赴任した記者が、たくさんの本を読んでも知り得なかった「とっておきの情報」を惜しげもなくお伝えします。観光や遊びはもちろん、仕事にも生活にも役立つ新しい京都指南書です。

日経プレミアシリーズ171

会社で不幸になる人、ならない人

本田直之

会社員時代から経営者までの20年間、ビジネス界でいろいろな会社員を見てきた、累計200万部のベストセラー著者が、不幸になる会社員の共通点に気づいた。私たちがついつい陥りがちな常識の勘違いを解説するとともに、過去型の、管理され、つらさと引き換えの昇進・昇給といった幸せではなく、自由で、楽しく、幸せなライフスタイルで働く会社員への道を伝授する。

日経プレミアシリーズ173

少女時代と日本の音楽生態系

三浦文夫

ソフトとハードが一体となった韓国のブランド向上は、最初に国家戦略があったのではない。KPOPや韓流ドラマのグローバルな人気の広がりを、スマートフォンやスマートテレビなどのブランディングに利用し始めた民間の動きに、政府が後追いで支援したのである。

日経プレミアシリーズ 174

ひつまぶしとスマホは、同じ原理でできている

理央 周

なぜ売れるのか、何が面白いのか——。すべてのヒントは名古屋にある。ひつまぶし、モーニング・サービス、大人気商店街……。名古屋名物の数々に秘められた「ヒットの法則」から学べば、ライバルに差をつけるユニーク発想の生み出し方がわかる。

日経プレミアシリーズ 175

風力発電が世界を救う

牛山 泉

風力発電は再生可能エネルギーの四番バッターである。いまこそ、日本のものづくり技術と、海洋大国という地理的優位性を活かす時だ——。1970年代から風力研究に携わってきた〝風力博士〟が、急成長する世界の風力発電市場、日本におけるポテンシャル、技術開発の最新動向まで書き下ろす。

日経プレミアシリーズ 178

ユーロ破綻 そしてドイツだけが残った

竹森俊平

平和と経済統合の理想から出発したユーロは、当初からの構造矛盾を克服できず、南欧諸国の経済危機を拡大させている。この経済・金融危機は全世界を震撼させる大恐慌へと発展する勢いだ。独仏伊など欧州各国の利害対立や、国際機関の行動、深まる危機の様相を明快に解説。